I0842229

Este soy yo

Pedro Corzo

ISBN: 978-1986569606

Instituto de la Memoria Histórica Cubana Contra el Totalitarismo

Prólogo

¡Este soy yo!

El periodista, historiador, conferencista y escritor Pedro Corzo, con una minuciosidad que lo enaltece, rastreando en polvorientos archivos y entrevistando a protagonistas de primera línea de la Revolución cubana, nos presenta en este extraordinario trabajo investigativo un dosier de frases y planteamientos ideológicos de Ernesto Guevara de la Serna, el mítico «Che», que, como en un juego de luces y sombras, revela, con gran pasmo, su perfil criminal, que la propaganda comunista ocultó al mundo bajo el áurea de un revolucionario libertario que sacrificó su vida por una causa noble.

Ese personaje, humanamente oscuro, encontró en la Revolución cubana el *leitmotiv* para dar salida a su instinto criminal, cuando, sin matiz ninguno, en modo casi exultante, se lo reveló a su padre en una carta citada por Pedro: «Tengo que confesarte, papá, que en ese momento descubrí que realmente me gusta matar»; y en otra, en donde al describir la forma como vive en el escenario agreste en donde se encuentra, le dice a su madre: «Aquí, desde la manigua cubana, vivo, y, sediento de sangre, escribo estas encendidas líneas martianas».

Es siguiendo el curso de la literalidad de esos documentos y testimonios aportados por Pedro Corzo, como se deriva lo que antes he afirmado, pues son tan explícitas las palabras allí usadas por el «Che» para revelar sus deseos proclives a justificar como revolucionario el quitarle la vida a una persona, que no es menester tener un laberíntico entramado de conocimientos psiquiátricos para llegar a ese acierto.

Por eso los signos de admiración que me tomé la libertad de

poner al título original del libro, conque encabezo este escrito, que, igual de revelador y afortunado pudo haber sido también si se hubiera tomado esa otra frase lapidaria del «Che», cuando, instruyendo a quienes dudaban en un momento dado de sí se debía o no fusilar a un contrario o a un desertor o traidor de la causa por la falta de pruebas, sentenció: «Ante la duda, mátalo».

Pedro Corzo, en este libro, no hace un análisis personal sobre la condición humana de Ernesto Guevara, a partir del acopio de citas directas e indirectas que allí trae con respecto a su comportamiento en la lucha armada revolucionaria, sino que esa tarea de sondear su alma se la deja al lector.

Fue en el turbión de la Revolución cubana en donde el «Che», como aventurero que fue en tierra extraña, sintió el espoleo de su instinto asesino, el cual justificó asumiéndolo como un noble proceder revolucionario, ceñido a los más pétreos principios del fundamentalismo marxista que juró defender ante una estampa del viejo y llorado camarada Stalin.

De ahí, entonces, el valor que tiene Este soy yo, que, junto con otros libros que se han escrito sobre los muchos fracasos que tuvo el «Che» en los distintos cargos burocráticos que desempeñó, una vez triunfó la Revolución cubana, o como ideólogo, y también en las aventuras militares del Congo y de Bolivia, en donde puso en juego su prestigio militar como guerrillero, permite, a quien así lo desee, desmontar, analíticamente, el mito del revolucionario perfecto que la propaganda comunista difundió a partir de su muerte el 9 de octubre de 1967, en Bolivia, hace 50 años.

Leyendo este trabajo, recordé mis lejanos 15 y 16 años de edad, cerrándose ya la década del 50 del siglo pasado, cuando por primera vez oí los ecos de la Revolución cubana, que se me convirtieron después en perorata en la Universidad Autónoma Latinoamericana, de Medellín, en donde me recibí de economista, una vez el ojo de ese huracán revolucionario se posó sobre los campus de América Latina, en donde el heroico retrato del

«Che» fue sacralizado, en esa pose gallarda, viril, con una boina negra y su mirada hundida en el horizonte, y convertido después en mercancía en todos los bazares del mundo, con lo cual se ocultó su cruel y criminal paso por la Revolución cubana, que Pedro Corzo devela en este libro.

De la lectura de Este soy yo, estructurado a partir de esas citas de fragmentos de discursos, frases y cartas, como de las entrevistas de personas que conocieron a Ernesto Guevara, queda ese desencanto propio de cuando se descubre un engaño; en este caso, orquestado hábilmente por la poderosa maquinaria de la propaganda del régimen totalitario marxista de los hermanos Castro, en Cuba.

Porque el valor sublime que se le puede asignar a un personaje de una causa noble de cualquier estirpe se desvanece como nube de verano, cuando el personaje mismo es quien desnuda sus miserias humanas, sin sentimiento alguno de arrepentimiento, como ocurre con el «Che», quien se auto describe a través de esas confesiones, y revela su gusto innato de matar por mano propia, o por la de la interpuesta persona que esté bajo su mando, que era lo que más lo envanecía como revolucionario marxista.

Todas esas citas traídas por Pedro Corzo sobre el lado oscuro de Ernesto Guevara de la Serna, «el Che», hicieron parte fundamental de ese mensaje subliminal que la ideología comunista irradió desde Cuba para alentar el accionar armado de las dos más radicales guerrillas marxistas de mi país, Colombia: las FARC y el ELN.

Pasajes de este libro, como el de Eutimio, en donde el «Che» dice: «Así que yo terminé el problema disparándole un tiro con una pistola calibre 32, en la parte derecha de su cerebro». O aquellas otras palabras que pronunció en la ONU: «Fusilamientos, sí, hemos fusilado, fusilamos y seguiremos fusilando». O esta otra reflexión que hace sobre «El odio como factor de lucha; el odio intransigente al enemigo, que impulsa más allá de las limitaciones naturales del ser humano y lo convierte en una efectiva, violenta, selectiva y fría máquina de matar». O esta otra, a tono con la anterior: «¡Esta es una revolución! Y un revolucionario debe convertirse en una fría máquina de matar motivado por odio puro». Todas sirvieron de levadura a esas dos agrupaciones para hacer crecer su sevicia criminal comunista contra el pueblo colombiano.

Por haber ellas estudiado la lucha guerrillera, en los escritos de Ernesto Guevara de la Serna, fue que llenaron los anaqueles de la Justicia colombiana con densos expedientes por sus crímenes de guerra y lesa humanidad, que, en el caso de las FARC, el gobierno del presidente, Juan Manuel Santos, los cambió de lugar, y los llevó al acuerdo de La Habana, por lo que sus líderes no pagarán ni un solo día de cárcel, pues serán solo «castigados» con penas restrictivas de la libertad, pudiendo ocupar, simultáneamente, las curules que en Senado y Cámara les fueron concedidas por ocho años, si es que no las alcanzan por la vía del voto popular, después de haberse convertido en partido político.

Horacio Puerta Cálad.

Introducción

Este libro recoge expresiones y comentarios, además de conversaciones sostenidas por Ernesto Guevara con diferentes personas, que difieren en extremo de la personalidad tolerante, inclusiva y no violenta que pretenden mostrar los aliados del populismo marxista y mercaderes que por beneficiarse, entregan a plazo su propia vida y libertad.

La idea original era titularlo, "El verdugo de la Cabaña", pero dos talentosas mujeres, Carmen Toro de Gómez y Luz Martínez, sugirieron que sería más apropiado que el autor dejara al lector nombrar el libro en base a la lectura y a la interpretación que hiciera de la misma.

La realidad es que el Ernesto Guevara de la motocicleta, era un inconforme, sin propósitos de vida definido, tan indisciplinado, léase vago, que su único objetivo concreto era trabajar lo menos posible. Un sujeto sin rumbo como tantos otros, que encontró su meta cuando se unió a los Castro en México y naufragó junto a ellos como "Che", en las proximidades de las costas cubanas.

No obstante hay que reconocerle a Guevara que no tenía impedimento en decir lo que pensaba, más cuando esto favorecía su imagen de tipo duro y despiadado como lo manifiesta su discurso el 11 de diciembre de 1964 en Naciones Unidas cuando dijo, "nosotros tenemos que decir aquí lo que es una verdad conocida, que la hemos expresado siempre ante el mundo: Fusilamientos, sí, hemos fusilado, fusilamos y seguiremos fusilando mientras sea necesario. Nuestra lucha es una lucha a muerte".

Ernesto Guevara no respetaba a los que no pensaban como él. Creó su propia escala de valores en la que los derechos de los otros no tenían cabida. Trató de imponer sus convicciones a sangre y fuego, por eso es incomprensible que instituciones, partidos políticos, intelectuales y personalidades que sí conocen a Guevara, no se esfuercen porque sus partidarios y afines rompan con el mito, o habrá que concluir que simplemente también gustan de la fantasía de la boina que se llenó de sangre.

Es prudente advertir al lector que a través del libro hay expresiones de Guevara y comentarios sobre su persona que pueden repetirse, pero el autor optó por dejarlo porque pueden ser personas diferentes que hacen cometarios sobre un mismo decir de Guevara, también porque existen diferentes versiones sobre un mismo comentario.

Capítulo 1

Fragmentos de discursos y frases.

"No soy Cristo ni un filántropo, soy todo lo contrario de un Cristo. Lucho por las cosas en las que creo con todas las armas de que dispongo y trato de dejar muerto al otro para que no me claven en ninguna cruz o en ninguna otra cosa". Carta enviada a su madre el 15 de julio de 1956.

"En El Paso tuve la oportunidad de pasar por los dominios de la United Fruit convenciéndome una vez más de lo terrible que son esos pulpos capitalistas. He jurado ante una estampa del viejo y llorado camarada Stalin, no descansar hasta ver aniquilados estos pulpos capitalistas." Carta enviada a su tía Beatriz el 10 de diciembre de 1953 desde Costa Rica. Otra carta remitida a la misma tía la firmó como "Stalin II."

"Los periódicos de Las Américas publicaban mentiras. Ante todo, no hubo asesinato ni nada que se le parezca. Debería haber habido unos cuantos fusilamientos al comienzo pero es otra cosa. Si se hubieran producido esos fusilamientos, el gobierno hubiera conservado la posibilidad de devolver el golpe". Carta escrita a su amiga Tita Infante, luego de salir de la embajada de Argentina en Guatemala después de la caída de Jacobo Arbenz. Varias cartas de Guevara de la época estaban firmadas con el seudónimo Stalin II.

"Querida vieja: Aquí, desde la manigua cubana, vivo y sediento de sangre escribo estas encendidas líneas martianas. Como si realmente fuera un soldado (sucio y harapiento estoy, por lo menos), escribo sobre un plato de campaña con el fusil a mi lado y un nuevo aditamento entre los labios: un tabaco. La cosa fue dura. Como sabrás, después de siete días de estar hacinados como sardinas en el ya famoso Granma, desembarcamos en un manglar infecto, por culpa de los prácticos, y siguieron nuestras desventuras hasta ser sorprendidos en la también célebre Alegría y desbandados como palomas. Me hirieron en el cuello y quedé vivo nada más que por mi suerte gatuna, pues una bala de ametralladora dio en una caja de balas que llevaba en el pecho y el rebote me dio en el cuello. Caminé unos días por el monte creyéndome mal herido, pues el golpe de la bala me había dejado un buen dolor en el pecho. Carta desde Sierra Maestra a su primera esposa, Hilda Gadea, el 28 de enero de 1957".

"Tiré a rumbo la primera vez y fallé, el segundo disparo dio de lleno en el pecho del hombre que cayó dejando su fusil clavado en la tierra por la bayoneta. Cubierto por el guajiro Crespo, llegué a la casa donde pude observar el cadáver y le quité sus balas, su fusil y algunas otras pertenencias. El hombre había recibido un balazo en medio del pecho que debió haber partido el corazón y su muerte fue instantánea; ya presentaba los primeros síntomas de la rigidez cadavérica debido quizás al cansancio de la última jornada que había rendido". El 22 de enero de 1957, después del encuentro de "Llanos del Infierno", escrito en su diario de campaña. Este fue el primer hombre que mató Guevara".

Posteriormente escribirá en su Diario: "…ejecutar a un ser humano es algo feo, pero ejemplarizante. De ahora en adelante aquí nadie me volverá a decir el saca muelas de la guerrilla". En una carta a su padre refiriéndose a dicha ejecución escribe: "Tengo que confesarte, papá, que en ese momento descubrí que realmente me gusta matar".

"Lo primero que salta desde mi profunda fe revolucionaria, la primera afirmación que tenemos que decir con todo convencimiento esta tarde es: ¡Qué fuertes somos! ¡Qué fuertes somos!, compañeros, porque hoy, por primera vez en Cuba y quizás en

América, el pueblo entero organizado ha desfilado con sus fuerzas armadas, y los fusiles de las fuerzas armadas eran también los fusiles de los estudiantes, los fusiles de los obreros, los fusiles de los campesinos". Santiago de Cuba. 2 de mayo de 1959, durante el desfile del Día Internacional del Trabajo. Diario Sierra Maestra. Santiago de Cuba".

"Pero si hoy significara autonomía que un gobierno universitario desligado de las grandes líneas del Gobierno Central -es decir: un pequeño Estado dentro del Estado- ha de tomar los presupuestos que el Gobierno le dé y ha de trabajar sobre ellos, ordenarlos y distribuirlos en la forma que mejor le parezca, nosotros consideramos que es una actitud falsa. Es una actitud falsa precisamente porque la Universidad se está desligando de la vida entera del país, porque se está enclaustrando y convirtiéndose en una especie de castillo de marfil alejado de las realizaciones prácticas de la Revolución. Y además porque van a seguir mandando a nuestra República una serie enorme de abogados que no se necesitan, de médicos que incluso no se necesitan en la cantidad en que en estos momentos están ingresando, o de toda una serie de profesiones, por lo menos cuyos programas deben ser revisados para adaptarlos". Reforma universitaria y revolución. 17 de octubre de 1959

"En estas condiciones de conflicto, la oligarquía rompe sus propios contratos, su propia apariencia de «democracia» y ataca al pueblo, aunque siempre trate de utilizar los métodos de la superestructura que ha formado para la opresión. Se vuelve a plantear en ese momento el dilema: ¿Qué hacer? Nosotros contestamos: La violencia no es patrimonio de los explotadores, la pueden usar los explotados y, más aún, la deben usar en su momento".

"La moderación es otra de las palabras que les gusta usar a

los agentes de la colonia, son moderados, todos los que tienen miedo o todos los que piensan traicionar de alguna forma. El pueblo no es de ninguna manera moderado". Congreso de Juventudes Latinoamericanas en Santiago de Cuba julio de 1960.

"Nosotros, los miembros de la Revolución cubana, que somos el pueblo entero de Cuba, llamamos amigos a nuestros amigos y enemigos a nuestros enemigos, y no admitimos términos medios: o se es amigo, o se es enemigo...Y ese pueblo que hoy está ante ustedes, les dice que, aun cuando debiera desaparecer de la faz de la tierra porque se desatara a causa de él, una contienda atómica, y fuera su primer blanco; aun cuando desapareciera totalmente esta Isla y sus habitantes, se consideraría completamente feliz, y completamente logrado, si cada uno de ustedes al llegar a sus tierras es capaz de decir: Aquí estamos." Congreso de Juventudes Latinoamericanas en Santiago de Cuba, julio de 1960.

Durante la crisis cubana de los cohetes en Octubre de 1962, el Che apoyó a Castro en su pugna con Estados Unidos. Sufrió una gran decepción cuando Nikita Khrushchev decidió retirar los cohetes para evitar una guerra nuclear, en ese momento le dijo al reportero Sam Russell del periódico socialista Daily Worker que "si los cohetes hubiesen permanecido (en Cuba), los hubiésemos utilizado contra el mismo corazón de los Estados Unidos incluyendo a Nueva York. Nunca debemos establecer la coexistencia pacífica. En esta lucha a muerte entre dos sistemas tenemos que ganar la victoria final. Debemos andar el sendero de la liberación incluso si cuesta millones de víctimas atómicas". Sam Russell, Daily Worker.

"Luego se realizó el fusilamiento simbólico de tres de los muchachos que estaban más unidos a las tropelías del chino Chang pero a los que Fidel consideró que debía dársele una oportunidad; los tres fueron vendados y sujetos al rigor de un simulacro de fusilamiento; cuando después de los disparos al aire se encontraron los tres con que estaban vivos, uno de ellos me dio la más extraña espontánea demostración de júbilo y reconocimiento en forma de un sonoro beso, como si estuviera frente a su padre". Ernesto Che Guevara, "Pasajes de la Guerra Revolucionaria".

"Si nosotros, los cubanos, tenemos el control de las armas nucleares, las instalaríamos sobre cada centímetro de Cuba y no dudaríamos, en caso de ser necesario, de lanzarlas contra el corazón del adversario, Nueva York". Comentario al embajador de Yugoslavia en La Habana a pocos días de concluida la crisis de los misiles.

"Nosotros tenemos que decir aquí lo que es una verdad conocida, que la hemos expresado siempre ante el mundo: fusilamientos, sí, hemos fusilado, fusilamos y seguiremos fusilando. Mientras sea necesario nuestra lucha es una lucha a muerte". Discurso ante la ONU el 11 de diciembre de 1964.

"La sangre del pueblo es nuestro tesoro más grande, pero hay que usarla para salvar más sangre del pueblo en el futuro". Tácticas y Estrategias en la revolución latinoamericana.

"Las armas no pueden ser mercancía en nuestros mundos, deben entregarse sin costo alguno y en las cantidades necesarias y posibles a los pueblos que las demandan, para disparar contra el enemigo común. Ese es el espíritu conque la URSS y la República Popular China nos han brindado su ayuda militar. Somos socialistas, constituimos una garantía de utilización de esas armas, pero no somos los únicos y todos debemos tener el mismo tratamiento". Conferencia Afroasiática en Argelia. 24 de febrero de 1965.

Crear dos, tres... muchos Viet Nam... es la consigna.. "El odio como factor de lucha; el odio intransigente al enemigo, que impulsa más allá de las limitaciones naturales del ser humano y lo convierte en una efectiva, violenta, selectiva y fría máquina de matar. Nuestros soldados tienen que ser así; un pueblo sin odio no puede triunfar sobre un enemigo brutal. Hay que llevar la guerra hasta donde el enemigo la lleve: a su casa, a sus lugares de diversión; hacerla total. Hay que impedirle tener un minuto de tranquilidad, un minuto de sosiego fuera de sus cuarteles, y aun dentro de los mismos: atacarlo donde quiera que se encuentre; hacerlo sentir una fiera acosada por cada lugar que transite. Entonces su moral irá decayendo. Se hará más bestial todavía, pero se notarán los signos del decaimiento que asoma". Revista Tricontinental, 16-4-67, órgano de la Tricontinental de Solidaridad, OS-PAAAL

"Nuevos brotes de guerra surgirán en estos y otros países americanos, como ya ha ocurrido en Bolivia, e irán creciendo, con todas las vicisitudes que entraña este peligroso oficio de revolucionario moderno. Muchos morirán víctimas de sus errores, otros caerán en el duro combate que se avecina; nuevos luchadores y nuevos dirigentes surgirán al calor de la lucha revolucionaria.

El pueblo irá formando sus combatientes y sus conductores en el marco selectivo de la guerra misma, y los agentes yanquis de represión aumentarán. Hoy hay asesores en todos los países donde la lucha armada se mantiene y el ejército peruano realizó, al parecer, una exitosa batida contra los revolucionarios de ese país, también asesorado y entrenado por los yanquis. Pero si los focos de guerra se llevan con suficiente destreza política y militar, se harán prácticamente imbatibles y exigirán nuevos envíos de los yanquis.

En el propio Perú, con tenacidad y firmeza, nuevas figuras aún no completamente conocidas, reorganizan la lucha guerrillera. Poco a poco, las armas absolutas que bastan para la represión de las pequeñas bandas armadas, irán convirtiéndose en armas modernas y los grupos de asesores en combatientes norte-americanos, hasta que, en un momento dado, se vean obligados a enviar cantidades crecientes de tropas regulares para asegurar la relativa estabilidad de un poder cuyo ejército nacional títere se desintegra ante los combates de las guerrillas.

Es el camino de Vietnam; es el camino que deben seguir los pueblos; es el camino que seguirá América, con la característica especial de que los grupos en armas pudieran formar algo así como Juntas de Coordinación para hacer más difícil la tarea represiva del imperialismo yanqui y facilitar la propia causa.

América, continente olvidado por las últimas luchas políticas de liberación, que empieza a hacerse sentir a través de la Tricontinental en la voz de la vanguardia de sus pueblos, que es la Revolución Cubana, tendrá una tarea de mucho mayor relieve: la de la creación del Segundo o Tercer Vietnam del mundo.

Claro que, el último país en liberarse, muy probablemente lo hará sin lucha armada, y los sufrimientos de una guerra larga y tan cruel como la que hacen los imperialistas, se le ahorrará a ese pueblo. Pero tal vez sea imposible eludir esa lucha o sus efectos, en una contienda de carácter mundial y se sufra igual o más aun. No podemos predecir el futuro pero jamás debemos ceder a la tentación claudicante de ser los abanderados de un pueblo que anhela su libertad, pero reniega de la lucha que esta conlleva y la espera como un mendrugo de victoria.

Nuestra misión, en la primera hora, es sobrevivir, después actuará el ejemplo perenne de la guerrilla realizando la propaganda armada en la acepción vietnamita de la frase, vale decir, la propaganda de los tiros, de los combates que se ganan o se pierden, pero se dan, contra los enemigos. La gran enseñanza de la invencibilidad de la guerrilla prendiendo en las masas de los desposeídos.

La galvanización del espíritu nacional, la preparación para tareas más duras, para resistir represiones más violentas. El odio como factor de lucha; el odio intransigente al enemigo, que impulsa más allá de las limitaciones naturales del ser humano y lo convierte en una efectiva, violenta, selectiva y fría máquina de matar. Nuestros soldados tienen que ser así; un pueblo sin odio no puede triunfar sobre un enemigo brutal.

Hay que llevar la guerra hasta donde el enemigo la lleve: a su casa, a sus lugares de diversión; hacerla total. Hay que impedirle tener un minuto de tranquilidad, un minuto de sosiego fuera de sus cuarteles, y aun dentro de los mismos: atacarlo donde quiera que se encuentre; hacerlo sentir una fiera acosada por cada lugar que transite. Entonces su moral irá decayendo. Se hará más bestial todavía, pero se notarán los signos del decaimiento que asoma.

Y que se desarrolle un verdadero internacionalismo proletario; con ejércitos proletarios internacionales, donde la bandera bajo la que se luche sea la causa sagrada de la redención de la humanidad, de tal modo que morir bajo las enseñas de Vietnam, de Venezuela, de Guatemala, de Laos, de Guinea, de Colombia, de Bolivia, de Brasil, para citar solo los escenarios actuales de la lucha armada, sea igualmente gloriosa y apetecible para un americano, un asiático, un africano y, aún, un europeo.

Eso significa una guerra larga. Y, lo repetimos una vez más, una guerra cruel. Que nadie se engañe cuando la vaya a iniciar y que nadie vacile en iniciarla por temor a los resultados que pueda traer para su pueblo. Es casi la única esperanza de victoria.

¡Cómo podríamos mirar el futuro de luminoso y cercano, si dos, tres, muchos Vietnam florecieran en la superficie del globo, con su cuota de muerte y sus tragedias inmensas, con su heroísmo cotidiano, con sus golpes repetidos al imperialismo, con la obligación que entraña para éste de dispersar sus fuerzas, bajo el embate del odio creciente de los pueblos del mundo!

Y si todos fuéramos capaces de unirnos, para que nuestros golpes fueran más sólidos y certeros, para que la ayuda de todo tipo a los pueblos en lucha fuera aun más efectiva, ¡qué grande sería el futuro, y qué cercano.

Toda nuestra acción es un grito de guerra contra el imperialismo y un clamor por la unidad de los pueblos contra el gran enemigo del género humano: los Estados Unidos de Norteamérica. En cualquier lugar que nos sorprenda la muerte, bienvenida sea, siempre que ése, nuestro grito de guerra, haya llegado hasta un oído receptivo, y otra mano se tienda para empuñar nuestras armas, y otros hombres se apresten a entonar los cantos luctuosos con tableteo de ametralladoras y nuevos gritos de guerra y de victoria". Segmentos de un Suplemento especial, fechado el 16 de abril de 1967 y publicado en la revista Tricontinental. Se afirma que para la ocasión Guevara ya se encontraba en Bolivia.

"El camino pacífico está eliminado y la violencia es inevitable. Para lograr regímenes socialistas habrán de correr ríos de sangre y debe continuarse la ruta de la liberación, aunque sea a costa de millones de víctimas atómicas". Táctica y Estrategia de la Revolución Cubana. Revista Verde Olivo Prensa Latina. Distribuido por Prensa Latina, numero 3054.

"Debemos andar por el sendero de la liberación incluso si cuesta millones de víctimas atómicas".

"Hay que acabar con todos los periódicos. Una revolución no se puede lograr con la libertad de prensa".

"¡El odio es el elemento central de nuestra lucha! El odio tan violento que impulsa al ser humano más allá de sus limitaciones naturales, convirtiéndolo en una máquina de matar violenta y de sangre fría. Nuestros soldados tienen que ser así".

"Los jóvenes deben aprender a pensar y actuar como una masa. Es criminal pensar como individuos".

Durante la crisis cubana de los misiles en octubre de 1962, el Che apoyó a Fidel en la confrontación nuclear con Estados Unidos. Se decepcionó cuando Khrushchev decidió retirar los misiles, ante la amenaza de una guerra nuclear (ver las Memorias de Nikita Khrushchev). Él le dijo al reportero británico Sam Russell del periódico socialista Daily Worker que "si los misiles hubiesen permanecido (en Cuba), los hubiésemos utilizado contra el mismo corazón de los Estados Unidos incluyendo a Nueva York. Nunca debemos establecer la coexistencia pacífica. En esta lucha a muerte entre dos sistemas tenemos que llegar a la victoria final. Debemos andar por el sendero de la liberación incluso si cuesta millones de víctimas atómicas".

"Para enviar hombres al pelotón de fusilamiento, la prueba judicial es innecesaria. Estos procedimientos son un detalle burgués arcaico. ¡Esta es una revolución! Y un revolucionario debe convertirse en una fría máquina de matar motivado por odio puro".

"¡El odio es el elemento central de nuestra lucha! El odio tan violento que impulsa al ser humano más allá de sus limitaciones naturales, convirtiéndolo en una máquina de matar violenta y de sangre fría. Nuestros soldados tienen que ser así".

El 18 de febrero de 1957 el guía campesino Eutimio Guerra, acusado de pasar información al enemigo, es enjuiciado por los rebeldes y condenado a muerte. A la hora de la ejecución, sus antiguos compañeros no se deciden a pasarlo por las armas, y es cuando el Che se adelanta, extrae su pistola matándole de un disparo en la sien. Esta es su descripción de la ejecución en su diario de la Sierra Maestra: "…acabé el problema dándole en la sien derecha un tiro de pistola calibre 32, con orificio de salida en el temporal derecho. Boqueó un rato y quedó muerto. Al proceder a requisarle las pertenencias no podía sacarle el reloj amarrado con una cadena al cinturón, entonces él me dijo con una voz sin temblar muy lejos del miedo: 'Arráncala, chico, total…' Eso hice y sus pertenencias pasaron a mi poder". Posteriormente Che escribirá en su Diario: "…ejecutar a un ser humano es algo feo, pero ejemplarizante. De ahora en adelante aquí nadie me volverá a decir el saca muelas de la guerrilla".

"En ocasiones funcionaban cuatro tribunales simultáneamente, sin abogados ni testigos de descargos, llegando a juzgarse, contemplando la pena capital hasta 80 personas en juicios colectivos". London Dayly Telegraph. Sobre los fusilamientos en la Fortaleza de la Cabaña en La Habana, bajo el mando de Ernesto Guevara.

"Unos 400 fueron fusilados en La Cabaña en los dos primeros meses". Hart Phillips para el The New York Times. En esta etapa la Fortaleza de La Cabaña estaba bajo el mando de Ernesto Guevara.

Capítulo 2

Fragmentos de entrevistas a personas que conocieron a Ernesto Guevara.

México

" Me dicen "El Coreano" porque combatí con el ejército ame-ricano en la guerra de Corea. Sirviendo en esa contienda me in-corporé al batallón de infantería que Colombia envió a la guerra, quiero aclarar que aquella fue una de las mejores unidades que mejor combatió, y es una pena que el heroísmo y el sacrificio de esos soldados no haya tenido una mayor divulgación.

Al cabo de cierto tiempo el presidente Carlos Prío descartó la lucha armada y nos dejó como se dice en el aire y los planes se derritieron como un pedazo de hielo. Por qué lo hizo no lo sé, pero nos llamó, nos entregó 100.00 dólares a cada uno y nos dijo que a partir de ese momento quien tenía la batuta, el mando, era Fidel Castro. Nos exhortó a que nos uniéramos a sus fuerzas para poder luchar con eficiencia por la libertad de Cuba.

Arribamos a México el 10 de diciembre de 1955, y nos en-contramos en la casa de la calle Emparan 49 Letras C, con Raúl Castro, Montaner Oropeza, Melba Hernández y Juan Almeida Bosques. Fidel me los presentó y les dijo quien yo era, y que iba a ser su instructor militar de toda la guerrilla.

Recuerdo que Raúl Castro me miro con cierta roña y dijo "así que vamos a tener como instructor a un invasor yanqui", le con-testé con mucha tranquilidad pero muy firmemente, que estaba muy poco enterado de lo que había sido la Guerra de Corea, que habían sido los norcoreanos los que habían invadido a Corea del Sur, que los Estados Unidos no habían iniciado la guerra. Mi respuesta provocó una fuerte discusión en la que Fidel Castro intervino diciendo que las discusiones ideológicas no eran para ese momento, que Cuba estaba primera que todas las otras cosas.

Fue en casa de María Antonia, una cubana que vivía en México y que ayudó mucho al movimiento de Fidel Castro, donde conocí a Ernesto Guevara de la Cerna, al que después todos le decíamos "Che". Al principio la gente le decía "El Chancho", porque al hombre no le gustaba bañarse, no me gusta hablar de cosas personales pero el hombre tenía siempre un olor a riñón hervido que le rompía las narices a cualquiera. Era un hombre simpático pero la cosa cambiaba cuando le empezaba un ataque de asma.

De inmediato empezamos el entrenamiento militar. Fue en esa etapa en la que conocí mejor a Ernesto Guevara de la Cerna. Al principio quiso entrar en indisciplina y lo paré, le llame la atención sin ningún miramiento y le dije "yo estoy a cargo del entrenamiento militar y tú no eres más que un soldado".

El problema de Ernesto Guevara de la Cerna era que en el fondo no era más que un atorrante aunque también era simpático como dije antes. Era dogmático, creía que se lo sabía todo, que era el más leído y escribido, como decimos los cubanos, y por supuesto, se creía que sabía más que Fidel y que por sus supuestos conocimientos podía hacer lo que le viniera en gana.

Un día Fidel decidió que por asuntos de relaciones públicas, en una palabra, para ganarse todo lo más posible la simpatía de los mexicanos era conveniente que todos visitáramos la basílica de la Virgen de Guadalupe, que fuéramos con banderitas cubanas en la solapa y con una ofrenda para la Virgen.

Fidel Castro me designa a cargo del grupo que debe ir a la basílica y cuando se lo digo a Guevara este se puso como un búfalo de agua herido, me dijo que no iba a rendirle ningún tributo a la Virgen de Guadalupe, que no participaba en esa farsa porque no era más que un invento español para dominar las mentes analfabetas de la indiada mexicana, todo muy enfurecido y con desprecio, agregando que le pusieron Juan Diego al indígena que se llamaba Clacogualt.

Ante tantas expresiones, criticas y todo lo que ustedes se puedan imaginar le dije en tono conciliatorio, Chancho, Chancho, baja la voz que necesitamos la buena voluntad de los mejicanos e Hildita Gadea, su esposa, le dijo también "Chanchito, Chanchito, hazle caso al coreano que es verdad que necesitamos a los mejicanos. Su reacción fue muy mala, muy machista y hasta grosera porque le contestó a su mujer con mucha dureza que se callara la boca, que ella no tenía que decirle nada sobre eso. Él trataba muy mal a su mujer, no se cuidaba para hacerlo, sin embargo, ella lo adoraba tremendamente, en ese momento su esposa estaba embarazada.

Creo que en este período el "Che" ya se había desilusionado de los soviéticos y se estaba inclinando a los maoístas. Fíjense que cuando nace su hijita le decía "mi pequeña Mao", y es que se sentía más maoísta que marxista-leninista.

Guevara era racista, no solo se percibía que no le gustaban los mejicanos porque los creía personas inferiores, sino que tampoco apreciaba a los negros. Muchísimas veces tuvo problemas con Juan Almeida Bosques al que le decía el Negrito y no en términos cariñoso. Almeida se insultaba cuando le decía así y yo en más de una oportunidad le dije, "Juan, cuando te diga negrito le dices, y tú eres Chancho porque no te bañas" y así le decía Almeida Bosques. Pienso que allí empezó a desarrollar sus sentimientos psicópatas.

Quiero destacar que hacía experimento con gatas preñadas para averiguar el sexo de las criaturas que llevaban en sus vientres. El hombre usaba una especie de red para atrapar las gatas que merodeaban por los callejones de la capital mexicana. Después de atraparla las anestesiaba, las diseccionaba, hacía sus experimentos. Después de esto las gatas que todavía vivían las introducía en un saco. Esto que estoy relatando fue en mi presencia, nadie me lo contó, cuando llegaba a un lugar que consideraba apropiado las sacaba del saco por el rabo y las tiraba contra el pavimento. Aquello lo pude presenciar una sola vez, sentí una repugnancia que no puedo describir, era algo horrible, de una crueldad que nunca había visto, incluyendo mis dolorosas experiencias de la Guerra de Corea.

Después de eso no me quedó dudas de su crueldad, de su sadismo. Era un tipo sin compasión. Primero desarrolló sus instintos criminales con animales que no podían defenderse y después todos conocemos las historias de las cosas que hizo en Cuba. Tengo la convicción de que las personas que son crueles con los animales lo son también con las personas, con los seres humanos.

Otra cosa que quiero contar es que Juan Almeida Bosques, hoy Comandante de la Revolución, me dijo que Ernesto Guevara de la Cerna, el "Che", "Chancho", había colaborado con la policía mexicana cuando arrestaron al grupo que se estaba preparando militarmente en México. Según Almeida, esos hombres fueron arrestados, conducidos a las cárceles de inmigración por culpa de Guevara.

Según el comandante Juan Almeida, el "Che" se puso en contacto con las autoridades de México para entregar todas las armas del Rancho de Santa Rosa de Charco donde se entrenaban una parte de los insurgentes y no creo que lo hizo por miedo sino para resolver su problema migratorio, él no quería ser deportado a Argentina.

Otro aspecto que debemos destacar de este personaje es que no tenía la más simple idea de cómo organizar nada. Cuando lo pusieron a trabajar directamente con el general Bayo, la gente se le sublevó y fue Juan Almeida quien informó a Fidel Castro de la situación, quien lo destituyó por dos semanas del mando que tenía en el campamento. Fidel se dio cuenta que Guevara no tenía capacidad organizativa de ninguna clase.

Uno de los problemas de Guevara era que estaba auto convencido que era un excelente guerrillero, sin dudas tenía alguna capacidad de mando pero como dije antes, ninguna habilidad para organizar lo más insignificante. Te aseguro que paraban al "Che" en una puerta y le decían dale un palo por la cabeza a todo el que pase y todo el que pasara recibía un palo por la cabeza, pero sí en cambio le decías, interrógalo, dale un palo al malo pero al bueno no, ya lo confundías.

Ejemplos de todo esto sobran. Fue a África y aquello fue un fracaso completo. También fue uno de los organizadores, en el año 1959, de la invasión a la República Dominicana en la que participaron unos cientos de hombres. Allí, esos infelices fueron masacrados por los soldados del dictador Rafael Leónidas Trujillo. No prepararon un aparato civil, una organización que respaldara a los expedicionarios y eso fue parte fundamental para que fracasaran. Todo lo que hizo, en todo lo que participó resultó en fracaso. Falló como esposo, como padre de familia, como guerrillero y hasta como revolucionario, porque no fue capaz de dejar un proyecto terminado, todo lo que empezó lo dejó inconcluso.

Sí hay algo que quiero destacar es que Fidel Castro sabía que no era un buen guerrillero y sí un incompetente en todo lo que emprendía y creo que si Fidel eliminó a Guevara fue por el temor de que si le sucedía algo y el "Che" tomaba el poder en Cuba el fracaso sería rotundo. También, me parece, Fidel estaba seguro que en aquella época Raúl no iba a poder gobernar, controlar los muchos factores que se le pondrían en contra.

Otro punto importante es que los trabajos teóricos sobre la guerra de guerrillas que elaboró Guevara son copias de otros libros publicados sobre el tema. Si se estudian los apuntes del Generalísimo Máximo Gómez sobre la guerra de guerrillas que desarrolló en Cuba y se aprecia en su justa medida la gesta del general Antonio Maceo usted se da cuenta que lo que Guevara propone, él fracasó en el intento, es implementar la experiencia de esos dos grandes patriotas del siglo XIX cubano.

De ellos extrajo Guevara sus conocimiento que contrario a lo que lograron los dos generales no los pudo concretar con éxito.

Se creyó que era un gran guerrillero, tengo que decirlo muchas veces porque algunas personas como consecuencia de la inmensa propaganda, y la imagen que se vende de Guevara por sus propios enemigos ideológicos lleva a algunos a pensar que el individuo sabía lo que hacía.

Guevara no compartía, no socializaba con los compañeros. Se mantenía aislado. Yo conservó una fotografía que se tomó en el cumpleaños de Raúl Castro en México y él, que era uno de sus allegados, no está en el retrato. Él se sentía superior a todos nosotros incluyendo a Fidel Castro. Se creía el más culto del grupo. Fíjate que cuando lo designaron jefe de los hombres que ocupaban una de las casas de seguridad la gente se le sublevó porque se dedicaba a leer y a tomar mate y no se ocupaba de la alimentación de la tropa que tenía a su cargo.

En el ejército o en una unidad de combate, el jefe tiene que preocuparse por el bienestar de su tropa y un punto importante es la comida y el agua.

Era un aventurero y el destino lo llevó a México. Quien lea biografías sobre su vida se da cuenta que participó en la expedición del Granma de puro milagro. En esos tiempos tenía muchos planes, hasta viajar a China y Europa, en mi opinión ni él mismo estaba consciente de porque se había metido en esa operación.

Conoció a Raúl Castro en la sede del Instituto Mexicano- Soviético, era un centro cultural donde los comunistas distribuían toda su propaganda. Los que lo trajeron al Movimiento 26 de Julio fueron Pedro Baranda, Edison y Raúl Castro.

Es justo decir que él había conocido a Antonio "Ñico" López, que había estado a cargo del asalto al cuartel de Bayamo en Guatemala, en los días de la caída del gobierno de Jacobo Arbenz. Se unió al grupo y como en verdad hacía falta una persona que tuviera conocimientos de medicina, él decía que se había graduado de médico, a Fidel Castro le vino de maravillas.

Guevara se sintió a sus anchas, era la aventura que había estado buscando y si a eso le sumas el carisma de Fidel Castro, su capacidad de convencimiento, pues Guevara se sintió en una especie de paraíso.

Recuerdo que un día que en el que se estaba tomando uno de sus acostumbrados mate me trató de convencer de las ventajas del comunismo y del maoísmo en particular. Yo, que no sabía nada de eso, le dije con tranquilidad que no me tratara de convencer que había estado en la Guerra de Corea y que los comunistas habían matado a muchos norteamericanos y colombianos. Le dije que mi misión en México era únicamente de instructor militar, que no me interesaba que él fuera maoísta o leninista pero que tratara el tema militar conmigo y que no intentara convencerme de otra cosa. En otra ocasión me prestó un libro sobre la nueva China que le acepté y le dije que cuando lo leyera se lo devolvería.

Fue a mi casa 4 o 5 ocasiones, unas veces con Hilda Gadea, su mujer, y otras solo. Al principio era un tipo muy hermético, se podría decir que altanero. Después su trato con los cubanos se fue humanizando, cambiando en alguna medida su manera de ser y al final de las jornadas estaba más sensibilizado, había perdido algo de su altanería, sin embargo, había un toque en su personalidad que no me agradaba, hablando claro, que me disgustaba mucho.

Pero su mujer era peor. Hilda Gadea, una marxista que en mi opinión fue la que lo convirtió a esa ideología. Recuerdo que en dos o tres ocasiones noté que cuando él estaba hablando y por algún motivo ella le tocaba en la rodilla, o en el hombro, el tipo se callaba. Creo que le tenía miedo, o un respeto muy especial. El matrimonio de ellos era muy adusto, muy duro, muy poco expresivo y no se apreciaba afecto entre los dos

Al principio le decíamos doctor Guevara o Ernesto Guevara, pero cuando vimos que se burlaba de nuestra manera de hablar, le empezamos a decir "Che". Al principio con un poco de sorna, como para restregarle en la cara lo que él nos había hecho a nosotros cuando se reía por nuestra manera de hablar. A partir de ese momento todos le decíamos "Che" y el sobrenombre se le quedó. En poco tiempo hasta el mismo Fidel y Raúl Castro les decían "Che".

También recuerdo que en algunas ocasiones se sentó a escribir cartas en mi casa, me pedía papel y lápiz y se ponía a escribir sin que mediaran más palabras, como si yo no estuviera presente. Las cartas no las encabezaba respetuosamente, nada de estimado señor, señor tal, etc. ponía directamente "fulano de tal", nada más el nombre. No ponía ningún encabezamiento, ni en la despedida expresaba sentimientos de respeto o de cualquier otra cosa. Era un tipo seco por completo, sin sentimientos, se comportaba con las otras personas como si fuesen sus enemigos, y no sus amigos o compañeros.

En el trato con los demás al principio era muy áspero, muy rudo. Después te repito fue humanizándose un poco pero nunca llegó a tener sentido del humor. Noté que no sentía una simpatía particular por los cubanos. Más bien en cierta forma nos repudiaba, se reía de nosotros, nunca nos vio completamente como compañeros, jamás se sintió verdaderamente camarada o compañero de los demás. Se creía superior siempre, y los demás nunca le perdonaron esa actitud. Inclusive a veces no nos trataba de tú sino de usted. No se acercaba a nosotros, no había intimidad, no había familiaridad, era distante por completo.

Como dije antes, se mofaba de nuestra manera de hablar pero por otra parte se le notaba admiración cuando se hablaba de la gesta del ataque al Cuartel Moncada. A él le impresionaba eso y Ramirito Valdés, Raúl Castro y Ñico López, que eran los tres más radicales y los que más a la izquierda estaban políticamente, lo fueron convenciendo.

Creo que algunas personas y organizaciones interesadas han desarrollado una campaña para convertirlo en una especie de mito. Su muerte temprana, las condiciones en que murió, favorecen la imagen que quieren dar de él, pero los que lo conocimos sabemos que lo han transformado por completo. Quieren vendernos otra personalidad. Él nunca fue una persona cordial, humana. No sabía hacer amigos, tampoco era un tipo afable, nunca lo fue. Era déspota e irreverente hasta la grosería, las veces que lo vi con otros compañeros nunca fue lo que hoy dicen sobre su persona. Quizás con el único de todos nosotros con el que tuvo una gran intimidad fue con Ñico López. A López lo conocía de antes, también aparentemente hizo buenas migas con Ramirito".

Miguel Sánchez, "El Coreano". Combatió en la Guerra de Corea. Entrenó en México a las fuerzas irregulares que comandó Fidel Castro.

"Él nunca fue una persona cordial, humana. No sabía hacer amigos, tampoco era un tipo afable. Por lo menos en el trato que yo tuve con él, nunca fue lo que hoy dicen sobre su persona. Con el único de todos nosotros con el que tuvo una gran intimidad fue con Ñico López. A López lo conoció en Guatemala, también hizo buena amistad con Ramiro y quizás con otras personas que tenían sus mismos pensamientos políticos, porque eso era lo más importante para él".

Orlando de Cárdenas. Periodista y escritor. Asistió en México a los expedicionarios del Granma.

"Guevara era muy reservado, distante de las personas. También se apreciaba en él cierta dosis de cinismo y de irrespeto a las personas que no le simpatizaban, o con aquellas que tenían ideas que no compartía.

No era un tipo con concepto de la amistad, durante el tiempo que lo traté aprecié que ese sentimiento no existía para él, era un fanático político a la vez que un incondicional en todos los sentidos de Fidel Castro.

Me decían muchos compañeros que eran muy allegados a Fidel que Guevara todo se lo contaba a Fidel, cualquier comentario que se hiciera en el grupo Fidel Castro se enteraba por medio de Guevara.

Mira, considero que Guevara era un tipo sin sentimientos, sin piedad. Fui testigo de un caso que me conmovió y que he reflexionado varias veces sobre el mismo, particularmente después que triunfó la Revolución.

En una ocasión estábamos tomándonos un café en un lugar que no recuerdo de Ciudad México, ten presente que han pasado muchos años. Estaba una mujer con un niño cargado en los brazos que se nos acercó para pedir limosnas y saqué como es lógico unas monedas, nosotros tampoco teníamos mucho, y el hombre que después se destapó como humanista, el tipo que quería resolver los problemas y que sentía pena por los que sufrían, me ha dicho a cara destemplada, y creo que recuerdo con precisión las palabras: "que se joda, para qué tiene hijos".

Aquella expresión me dio un nivel sobre la personalidad del "Che" Guevara, un personaje al que le han creado una aureola de hombre bueno y solidario. Te aseguró que era un perfecto canalla, y un criminal.

Fui en una ocasión a la casa donde ellos vivían. Era la casa de María Antonia, la mujer que Guevara menciona en una carta que dirigió a Fidel Castro. Esa era una mujer ejemplar una gran luchadora y colaboraba con todas las cosas que hubiera que hacer por la libertad de Cuba".

Lázaro Guerra. Expedicionario del Corinthia. Compartió con los expedicionarios del Granma durante su entrenamiento en Ciudad México.

Insurrección.

"Lo que sucede es que por una serie de situaciones que sería muy complicado narrar, un día cualquiera a Fidel Castro se le ocurre señalar a Eutimio Guerra como un traidor a la Revolución, como un individuo que estaba cooperando con las fuerzas militares que les estaban persiguiendo. Por esta supuesta o verdadera traición Castro determina que Eutimio debe ser ejecutado.

La situación fue difícil porque muchos de los jóvenes que integraban las fuerzas insurgentes venían de combatir a Batista de las calles de sus ciudades y calificaban a Batista como un asesino. Ellos habían estado en el movimiento clandestino y consideraban que Batista era un criminal, que asesinaba a los presos sin que mediaran causas ni que fueran procesados. No entendían como iban a participar en el asesinato de un hombre sin haber visto prueba alguna de su culpabilidad. En toda la guerrilla no hubo un solo cubano, ni un solo cubano de la guerrilla se atrevió matar a sangre fría a aquel hombre solo porque Castro lo acusaba de traición sin haber presentado pruebas.

Cuando la discusión está en su punto culminante, Ernesto Guevara tomó una pistola, se acercó a Eutimio Guerra, el hombre que los había acogido y dado protección en los momentos de mayor peligro y le pega un tiro en la cabeza. Guevara, escribió, "en ese momento me consideraron como un revolucionario, ya yo no era el médico de la expedición, ahora yo era un revolucionario". Un asesinato a sangre fría desde su punto de vista lo convertía en un revolucionario".

En relación a la toma de la ciudad de Santa Clara por las fuerzas rebeldes, escribe Ross: "El hombre que consigue la rendición y dirigió las negociaciones fue mi amigo Serafín Luis de Zárate, que después del triunfo de la Revolución llegó a ser el segundo secretario de Salubridad del régimen de Fidel Castro.

Ruiz de Zárate es el que convence a esos hombres a que se rindan, les asegura que les van a respetar la vida y ellos, confiando, se entregan a las fuerzas del Ejército Rebelde. Después de la rendición mi amigo fue a ver a Guevara para asegurar las cosas y el "Che" le dijo, "No Serafín, no vamos a respetarle la vida, vamos a fusilarlos y después le celebramos el juicio".

Enrique Ross. Escritor e historiador. Autor de un libro sobre Ernesto Guevara.

"Estábamos en Los Gamitos, una finca muy cercana a los volcanes. El general Bayo, un oficial de la Guerra Civil de España,

¿lo han oído mentar? fue uno de los primeros que nos empezó a entrenar y un día trajo como diez o doce perros callejeros, los soltó y los agitó para que corriesen y nosotros caerles atrás y matarlos. Por supuesto que nos negamos a hacerlo, le dijimos que él sería todo un general pero que no cometeríamos ese crimen, a lo que Bayo respondía que los comandos tenían que aprender.

De veras que estábamos molestos y le planteamos que no íbamos a degollar ningún perro, que eso de cortarle el cuello a la gente eran cosas de películas que no sucedían en la vida real, y cuando estábamos en plena discusión Guevara se paró y dijo: "Yo lo voy a practicar", lo miramos y nos quedamos sorprendidos, y exclame sin pensarlo ¡coño!, les aseguro que aquello se me quedó impreso para siempre.

Recuerdo que en una ocasión apresamos un guajiro, como decimos los cubanos, que según las informaciones que nos habían suministrado era un chivato del ejército, pero en verdad no era algo seguro, las informaciones no eran muy precisas.

Por lo regular a la gente que nos inspiraba dudas o que teníamos información no confirmada que podían estar colaborando con el enemigo la enviábamos a una especie de cárcel, en realidad una cueva, que le habíamos puesto el nombre de Puerto Malanga. Ahí los trancábamos. Si confirmamos que era chivato sin ningún miramiento le hacíamos un juicio y lo fusilábamos.

En esta ocasión el hombre no fue remitido a Puerto Malanga y se decidió nombrar un tribunal para analizar la situación. Los que lo integraron llegaron a la conclusión de que no había certeza de que el tipo fuera un delator y que por lo tanto, no se podía matar, en medio del debate el "Che" se paró y dijo "Bueno, sino lo hacen ustedes, lo hago yo".

El asunto que en medio de la discusión, cuando la cosa estaba verdaderamente caliente el "Che" saco el revólver y le metió un tiro en la cabeza, todos nos quedamos espantados. Mata al hombre y todo terminó, de ese hecho es que surge la famosa frase de Guevara, "Ante la duda, mátalo".

Guevara decía que en la guerra no se podía tener contemplaciones con nadie, si tú creías que tu hermano era un traidor tenías que matarlo.

Por ejemplo, no voy a decir el nombre de un expedicionario del Gramma porque está muerto y fue una gran persona. El hermano de este hombre se alza y como era hermano de un expedicionario del Granma se le confiere el grado de teniente. Resulta que se dedicó a asaltar lugares y robar vacas, después las cosas de sus fechorías las vendía en los poblados, también en ese tiempo violó a una joven, el asunto es que el ejército de Batista lo agarra y se convierte en chivato para salvar su vida.

Un día, sin esperar capturar a este individuo ni mucho menos, montamos una emboscada a las fuerzas del ejército y capturamos varios soldados, entre ellos se encontraba el hermano del expedicionario del Granma, que como ustedes saben se había convertido en un delincuente y después colaborador del gobierno. Llevamos al tipo preso y se designó un tribunal que en esta ocasión fue presidido por el propio "Che" Guevara. El tipo se defendía de las acusaciones, decía que él no podía ser chivato porque desconocía donde operaban los rebeldes, en fin un montón de cosas que creía que lo iban a amparar a lo que Guevara de nuevo contestó que como tenía dudas de lo que le decía no le quedaba más remedio que matarlo para evitar futuras complicaciones".

Jaime Costa. Comandante del Ejército Rebelde. Atacante al Cuartel Moncada y Expedicionario del Granma.

"Recuerdo que fuimos para Pino del Agua y después para La Otilia, que fue cuando nombraron a Ernesto Guevara jefe de la Zona. Recuerdo que el jefe que sustituyó Guevara era el comandante Lalito Sardiñas con el que el "Che" había sostenido una fuerte pugna todo el tiempo.

El día al que me refirieron no había que comer, llegamos y acampamos en la finca La Otilia frente a las minas de Bueycito.

Pero, ahí no paró la cosa. Repito que no había nada que comer en el campamento y me dice el Che "óyeme hay que buscar comida", a lo que le contesté que en la zona había un hombre que se llamaba Carlos Sotolongo, que tenía una arrocera cerquita de Carabacoa, que también tenía varios puercos y que podíamos comprarle uno. El "Che" ordenó que me acompañaran Baldomero Fernández y Redamés Carrazana.

Compramos un puerco que nos costó unos 70 pesos, después lo matamos, lo empacamos y lo subimos para el campamento. Cuando llegamos nos ordenó freírlo y dijo que también había que buscar arroz, de verdad que el arroz apareció de pronto, no sé donde, el asunto es que llevábamos como tres días sin comer.

Cuando estábamos comiendo llegó un señor de la gente del comandante "Lalito" Sardinas que le dijo a Guevara que en la zona había un chivato que informaba a las tropas de Batista. Guevara sin perder tiempo le preguntó cómo se llamaba el supuesto delator y el nombre que le dieron fue el de Juan Pérez Rodríguez, dueño de la finca "Rancho Claro", que estaba sembrada de café.

El "Che" Guevara apuntó el nombre del individuo y me ordenó ir a buscar a "Lalito" Sardiñas, a quien le dijo en cuanto llegó que había que ir a buscar al individuo de nombre Pérez Rodríguez, y eliminarlo.

Aquello me cayó como una bomba, constantemente me repetía "concho ese hombre tan bueno, un hombre cosechero de café, vive por aquí, trabajador, no se le conoce nada, nosotros no hemos oído hablar nada de ese hombre. ¿Cómo van a eliminar a ese hombre?". El "Che" ordenó que varios hombres fueran a buscar al campesino y sin que mediara juicio ni pruebas de que fuera un chivato, fusilaron al guajiro que recuerdo tenía tres hijos chiquitos de 4, 5 y 6 años.

Aquella ejecución le cayó muy mal a la tropa. Después de eso la situación no fue nada fácil".

Luciano Medina. Alzado en la Sierra Maestra. Capitán del Ejército Rebelde.

"En verdad no creo que fue ninguna hazaña la llamada invasión y el propio Che lo reconoció así en la conversación que sostuvo conmigo. Te aseguro que la invasión fue exitosa porque el ejército cometió errores y más errores, y los que sí tuvieron que combatir mucho fue contra los mosquitos y contra la desorganización que había en la ruta, la falta de abastecimiento, la falta de planificación y en eso la responsabilidad no es del Che sino de Fidel y de los oficiales que estaban a cargo de dar la asistencia a las columnas del Che y de Camilo cuando pasaron por Camagüey.

De lo del tren blindado, qué decirte, cuando uno escarba en la historia todo lo relacionado con el tren da ganas de reír.

Eso de la batalla del tren blindado en Santa Clara es ridículo, el titulado tren blindado, para empezar, no era blindado, no había tal tren blindado, nunca existió un tren blindado, lo que había era un tren que salió de la Habana en operaciones para reparar puentes y vías de carreteras en las zonas afectadas por la lucha guerrillera y además algunos de los jefes militares de ese tren estaban vendidos al Ejército Rebelde, vendidos a Fidel Castro, o dispuestos a venderse, a tramitarse con los insurgentes.

Eso está comprobado por varios investigadores de los sucesos de esa época. Además, hay que agregar que cuando el tren arribó a los alrededores de la ciudad de Santa Clara en el momento que empezó a dar una marcha atrás, a retroceder, una parte del tren se descarrilo, se salió de la vía y quedó imposibilitado de una buena defensa.

Así que la batalla del tren de Santa Clara es un fraude, un gran fraude. Sí, hubo su tiro para acá y su tiro para allá, pero la gloria que le atribuyen al Che Guevara por la batalla de Santa Clara y particularmente la ocupación del tren, es totalmente inmerecida.

Guevara no era un hombre duro porque el Che no era de esa gente que reacciona con explosiones, sino un hombre recio, sin compasión, capaz de cualquier determinación por cruda que fuese. Te digo que era un hombre enérgico pero sin escrúpulos.

Como cuando habló en Naciones Unidas y dijo que había que seguir matando. ¿Matando a quienes? A quienes se opongan a la revolución, ahí demuestra su terrible estalinismo.

Era un individuo con muchas contradicciones. Durante una larga conversación me dijo varias cosas que me sonaron a socialismo, y me vi obligado a preguntarle ¿Tu eres socialista?, a lo que contestó "Es posible que yo sea socialista pero yo nunca sería socialista a la manera de Stalin, yo no comulgó con el estalinismo" y poco tiempo después lo vemos aplicando en Cuba el más férreo y cruel estalinismo, porque lo hizo de la manera más brutal en los juicios que se hicieron contra los elementos que enfrentaron a la revolución y en los juicios de los primeros días de la Cabaña contra integrantes del antiguo ejército y de los grupos de masferrereristas.

Creo que quizás él se veía, más que otra cosa, entusiasmado con la oportunidad que le abría la Revolución Cubana, o que le abría Fidel Castro, Para él todo aquello era una aventura. No digo que no tuviera ideales, pero era una aventura, una aventura en la que quería ser útil y entonces realmente lo que hace es vender su alma al diablo.

Creo que toda esa inclinación morbosa del Che a matar, y a matar, y a matar tiene mucho con que compró la oferta de Fidel Castro, y se sintió identificado con esa línea quizás por una ausencia de principios humanistas, a pesar de que siempre estaba hablando de eso.

Guevara en verdad contribuyó grandemente a la creación de uno de los fraudes más grande de la historia. El de impulsar como solución de los problemas de la humanidad el modelo político marxista.

Todavía las cosas en lo que a él respecta como persona es más complicado, porque en el presente se usa más su imagen que cuando estaba vivo. Cuando vivía era un guerrillero que había solo cosechado fracasos, ahora es un guerrillero que murió por sus ideales, en una palabra, le presta servicios a la idea marxista aunque esté muerto.

Sus aliados ideológicos venden su imagen y una historia ficticia como si hubiese sido un idealista, la representación más elevada de los ideales. Hay que preguntarse qué ideales promovía, pues los del estalinismo. El estalinismo que hay en Cuba, los crímenes que se cometen hasta el día de hoy en Cuba y que si hubiera triunfado se estarían cometiendo en los lugares en los que él desarrolló sus actividades. En manera alguna Guevara era un idealista.

Esto que estamos viendo de la Revolución Cubana es una historia de traiciones, de sangre, de dolor, de angustia para un pueblo y el "Che" Guevara se prestó para todo eso. Y por último, no ceso de repetirlo, porque hasta sus ambiciones personales de pasar como un sujeto con ciertos logros militares y políticos están sirviendo a aquellos individuos y fuerzas políticas que siguen promoviendo acciones violentas para la toma del poder, más aun, gente que cuando llegan al poder solo saben cometer crímenes y traiciones sin nombre.

Lo que Cuba está viviendo es la consecuencia de un gigantesco crimen contra el pueblo, y esto es lo que están vendiendo con la efigie del "Che". Esas camisetas que pretenden mostrar un héroe con muchas virtudes, en realidad lo que muestran es un hombre que fue cómplice de muchos crímenes".

Profesor Huber Matos. Comandante del Ejército Rebelde.

"Tuve muy poco contacto con Guevara pero una situación que se produjo a finales del año 1958, en el mes de noviembre, me dio la posibilidad de hacerme una idea de la verdadera naturaleza del individuo.

Estábamos en un lugar que se llamaba "El Pedrero" y poco después de haber realizado una serie de operaciones militares en esa zona, el ejército inició una ofensiva y empezó a subir a las montañas. El gobierno montó la ofensiva en tres direcciones diferentes, una de Fomento al "Pedrero", otra de Placetas al "Pedrero", por un lugar que se llamaba Arroyo Berraco y otra que creo que era de Cabaiguán al "Pedrero".

En verdad, una buena cantidad de los soldados rebeldes que estábamos en esa zona, los que nos encontrábamos allí antes de que arribaran las fuerzas de la Columna 8, teníamos muy poca experiencia militar, en una palabra, la única experiencia que teníamos era unos modestos ataques que habíamos efectuado y que no pasaban de disparar cuatro o cinco veces contra un objetivo e irnos enseguida del lugar. No teníamos fogueo de guerra.

En el área se encontraban combatientes de la Sierra. Aquellos sí eran hombres experimentados que habían combatido.

Ernesto Guevara, en vez de mandar primero a los hombres avezados, fogueados en el combate, nos manda a nosotros, que apenas teníamos experiencia. Al mando de la unidad fueron dos capitanes: Edelberto González, está vivo todavía en Cuba, de Quemado de Güines, el otro capitán era "Yayo" Machín, de Cumanayagua, eran dos tipos muy valientes pero que tenían el mismo problema de todos nosotros, no tenían ninguna experiencia militar.

Las fuerzas del Ejército emplazaron sus ametralladoras y el mortero y de inmediato abrieron un fuego espantoso, no puedo describirles lo que era aquello. Nos retiramos a mediados de la tarde sin haber recibido una orden y demás está decir que la retirada fue desordenada. Teníamos la convicción de que nos iban a matar a todos y por eso no resistimos en la posición. El ejército conservó sus posiciones y pasó la noche en el lugar.

En consecuencia, fuimos castigados por orden del Che. Allí pasamos el primer día con su noche sin que recibiéramos ningún alimento, ni una galleta, teníamos agua porque estábamos cerca de un pozo. Pasó ese primer día y llegó el segundo que pasamos en la misma condición, sin alimentos y solo agua. En esa condición arribamos al tercer día, combatiendo al enemigo con una retaguardia que comandaba Ernesto Guevara, que no permitía que nos entregaran alimentos.

Al tercer día, cuando temíamos que se iba a repetir lo que habíamos vivido, tuvimos la suerte que arribase al campamento el comandante Camilo Cienfuegos, que traía unas armas desde la zona de Yaguajay y quería entregárselas al "Che" en el campamento del "Pedrero".

Cuando Camilo arriba al campamento, el "Che" no está y le pregunta al oficial a cargo cómo está la situación. No sé como sucedieron las cosas pero alguien le dijo a Camilo Cienfuegos que nosotros llevábamos tres días combatiendo y que solo teníamos agua. Nos contaron que Camilo sorprendido dijo "pero ven acá ¿y a estos hombres porque no le mandan comida?", a lo que le respondieron que el "Che" había dado la orden de no enviarnos comida porque nos habíamos retirado de nuestra primera posición.

Cuentan que Camilo Cienfuegos dijo: "no, no, no, pero que los maten a tiros, que los maté el ejército, pero cómo los va a matar de hambre el argentino este, no, no, no".

Como les dije al principio, era un hombre distante, arrogante. Ahí los hombres se interrelacionaban mucho, cualquiera que fuera el nivel, lo mismo daba un comandante que un capitán, ahí nada más que habían tenientes, capitanes y comandantes, los demás eran soldados, allí no había sargentos ni cabos.

La gente se interrelacionaba y compartían unos con otros y hablaban, sin embargo, los dos oficiales al mando; Ernesto Guevara y Ramiro Valdés, eran dos personas completamente diferentes, te miraban como si fueses un insecto, te miraban desde arriba como si fueses un gusano, había un gran desprecio en ellos hacia nosotros.

Cuando la Columna fue enviada a la Fortaleza de la Cabaña, en La Habana, solo estuve en ella por unos diez días, recuerdo que se comentaba que el "Che" dormía con las botas puestas, esas cosas me parece que eran como para demostrar que no era un individuo como los demás".

Eduardo Pérez. Teniente del Ejército Rebelde. Oficial de la Columna No. 8 que comandaba Ernesto Guevara de la Serna.

"Ernesto Guevara en representación del 26 de Julio tenía el propósito de impedir que nuestras fuerzas tomasen la ciudad de Santa Clara y en consecuencia dividiéramos la isla en dos partes, lo que dejaría en muy mala situación política a las fuerzas de Fidel Castro.

La presencia de Guevara determinó que la comandancia del Segundo Frente Nacional del Escambray ordenase a uno de sus oficiales establecer contacto con el guerrillero argentino con el fin de sostener una entrevista y ver cuáles eran los planes de los recién llegados.

Designamos al comandante Jesús Carrera para que sostuviese el primer encuentro. Demás esta decir que Carrera cumplió a cabalidad las disposiciones de nuestro Estado Mayor, lo que sin duda alguna generó desde ese momento un fuerte antagonismo entre los dos comandantes.

Los resultados de ese primer encuentro determinaron que las diferencias entre los dos oficiales de la Revolución triunfante se fueran acentuando y que terminaran trágicamente. Evidentemente durante la entrevista tuvieron más de una diferencia, porque en mi primera conversación con Guevara, este empezó a criticar a un oficial del Segundo Frente y de inmediato me percaté que se refería al comandante Jesús Carrera.

Por supuesto que no perdí tiempo y rechacé sus alegatos firmemente y le manifesté, junto con los oficiales que me acompañaban, que sus planteamientos eran inexactos, que Carrera había cumplido con su deber pero que si él lo había tomado en un plano tan personal no tenía que hablar mucho con nosotros, que enviaríamos a buscar al comandante Jesús Carrera para que entre los dos, de una forma frontal, y como hacen los h-ombres, se batiesen en un duelo que dilucidara de una vez por todas las diferencias que pudieran haber entre ellos.

A mi propuesta Guevara contestó que no creía que los hijos de la Revolución tuvieran que desaparecer de esa manera, que no tenía intenciones de tener un duelo ni tener ningún otro tipo de confrontación con Carrera.

Ante tal respuesta le propuse que si esa era su opinión, lo más conveniente era dar el episodio por terminado, cosa que pareció acatar pero que el tiempo demostró no había sido así. No nos dimos cuenta en ese momento que el Movimiento 26 de Julio, específicamente Fidel Castro y Ernesto Guevara, tenían el poder, y se podían dar el lujo de esperar el tiempo que fuese necesario para en su momento acosar y eliminar a Jesús Carrera, o a cualquier otro, tal y como hizo un tiempo más tarde".

Dr. Armando Fleites. Comandante del Ejército Rebelde.

"El "Che" Guevara entró a la provincia de Las Villas por la parte noroeste, por Banao. Los miembros del Segundo Frente nos encontramos con él allí. Recuerdo que había acampado con miembros del Directorio Revolucionario, entre ellos el comandante Rolando Cubelas.

Muy pronto el comandante Carrera y Guevara sostuvieron una fuerte discusión. La cuestión era que había una disputa por el mando de ciertas zonas y hasta de quien dirigiría desde ese momento las operaciones en el Escambray. El "Che" estaba diciendo que era el Comandante en Jefe del Escambray, y eso no era cierto porque el Comandante en Jefe del Escambray era Eloy Gutiérrez Menoyo.

La discusión entre los dos comandante fue muy fuerte. El comandante Jesús Carrera le dijo al "Che" muchísimas cosas pero éste no le contestó. Agachó la cabeza y solo dejó escapar un "humhum" y entonces intervino en la discusión el comandante Armando Acosta Cordero, un viejo comunista de Sancti Spiritus que en ese momento lo conocíamos como el capitán Erasmo Rodríguez. También se encontraba el comandante Ramiro Valdés, el capitán Olo Pantoja, que cuando aquello era capitán y el capitán Pablo Ribalta, un negro grande de la provincia de Las Villas que era miembro del Partido Comunista, que en aquellos tiempos se conocía como el Partido Socialista Popular.

La discusión fue fuerte, pero bien fuerte. Jesús le dijo bien claro "tu zona es la tuya y la mía es la mía y si brincas a la zona mía vamos a tener problemas". Con esas palabras terminó el encontronazo y nosotros nos retiramos a la zona en la que estábamos operando desde hacia tiempo.

Guevara partió para la zona del Pedrero y allí montó su campamento, con Estado Mayor y todo".

Elías Nazario Sargent. Capitán del Ejército Rebelde.

"En Cuatro Compañeros, donde recogen la correspondencia, se dispersa la columna de Guevara. Inclusive nueve de los efectivos de su tropa se extravían en la zona y son encontrados unos días más tarde.

Recuerdo, según informes que recibimos, que en esos días dos muchachos que estaban alzados en la zona se presentaron a la tropa del "Che", a ellos les decían los escopeteros, porque estaban alzados por su cuenta. No respondían a ningún grupo guerrillero.

Un individuo le comentó a Guevara que esos muchachos se dedicaban a estafar a los campesinos de la región, que hacían peticiones de dinero a nombre del Movimiento 26 de Julio y que se quedaban con lo que recogían.

Estos dos jóvenes fueron sometidos de inmediato a juicio y fusilados. Esto también lo cuenta el comandante rebelde Joel Iglesias en un libro suyo que tiene como título "De la Sierra al Escambray". Refiere Iglesias que los fusilaron cerca de una arrocera de nombre Cadena y los muchachos se llamaban Edén Casañas, 17 años y Máximo Quevedo, 29 años.

El comandante William Gálvez cogió a dos prisioneros del

ejército que estaban operando encubiertos en el monte y Gálvez, que es un asesino que no conoce la piedad, decidió ahorcar a los dos individuos. Uno de ellos de apellido Cruz, uno de los soldados era negro y el otro blanco.

Cuando por orden de Gálvez los van a ahorcar, uno de los soldados dice que pueden ayudarles si les respetan la vida, que ellos están en capacidad de decirles por donde podían pasar hacia la provincia de Las Villas, que sabían en qué lugares los efectivos del ejército estaban destacados. El "Che" los manda a amarrar a los dos con cadenas y ordena que vayan al frente porque la intención era que si no decían la verdad muriesen en la travesía".

Carlos M. Lazo Cuba. Sub-Oficial de la Fuerza Aérea de la República de Cuba.

"Lo conocí en la Sierra Maestra en el campamento que le decían La Mesa y la Pata de la Mesa, en marzo de 1958.

Estuve como un mes en ese campamento y le pregunté que si era comunista y me lo negó. Me dijo que no tenía vínculos con el Partido Comunista y que seguía la línea del 26 de Julio.

Cuando lo entrevisté, entre las cosas que observé era que tenía una personalidad despótica, dura, cruel y fui testigo de algunos incidentes.

Hubo uno con un cubano que estaba en el campamento de Luís Orlando Rodríguez. A ese individuo le dijo cosas muy fuertes. Se le notaba el odio en sus palabras. Después, con el tiempo, estudiando la conducta del individuo, es cuando uno confirma que tenía la característica de ser cruel y de odiar.

A los pocos días de estar allí el capitán Osvaldo Herrera, me dijo que quería hablar conmigo, que quería verme a solas, conversación que no se hacía fácil porque siempre había un guía con nosotros.

Herrera me dijo que estaba muy preocupado, que estaban fusilando sin juicio y que el Che Guevara era comunista, agregando que también estaban fusilando en el campamento de Fidel Castro.

Durante el tiempo que compartí con Guevara aprecié que era un tipo frío y muy arrogante, durante una de las charlas que sostuvimos le pregunté por su primera esposa, por la señora Hilda Gadea y me dijo: "no sé, no me interesa". También le pregunté que si era cierto de que era médico y me contestó "bueno, a mi no me gusta la medicina", agregando que lo que realmente le gustaba era la economía.

De ahí pasé al campamento de Fidel Castro, que estaba en ese momento en La Plata. Recuerdo que allí había un individuo que todas las noches tenía unas pesadillas terribles y que gritaba "mátalo, mátalo". Un día, después de varias noches con esa experiencia, busqué la manera de presentármele y le pregunté cómo se llamaba y como había llegado a la Sierra. Me dijo que era estudiante de medicina, su nombre no lo he olvidado a pesar de los muchos años transcurridos, Humberto Rodríguez.

En aquel momento era capitán del Ejército Rebelde y actuaba como jefe del pelotón de fusilamiento que allí realizaba las ejecuciones. Después de cobrar un poco de confianza en la charla le dije que me contara lo de sus gritos en la noche, me dijo que sus pesadillas tenían mucho que ver con una persona que le habían ordenado ejecutar, que el dudó en hacerlo y tuvieron que darle la orden varias veces y que todavía le parecía escuchar el "mátalo, mátalo". Señaló que al final disparó de manera mecánica, como un autómata. Me describió muy bien todo lo que tenía que ver con los fusilamientos y agregó que por allí se fusilaba en muchos lugares, no solo en el campamento de La Plata, también en el de la Mesa y en el de la Pata de la Mesa, donde el comandante era Ernesto Guevara.

Humberto Rodríguez me narró que el ejército constitucional había infiltrado entre los alzados a un guajiro de nombre Eutimio Guerra con el objetivo de que asesinara a Fidel Castro, pero que como había sido descubierto la jefatura decidió que debía ser ejecutado. Cuenta que cuando llevaban a Eutimio Guerra para fusilarlo, se adelanto el "Che" con una pistola en la mano y le tiró directamente a la cabeza. Me dijo que quien llevaba a Eutimio para el lugar donde le iban a ejecutar era Universo Sánchez pero que el Che se le adelantó".

Agustín Alles. El primer periodista cubano en subir a la Sierra Maestra en el período insurreccional. Cumplió similar misión durante el proceso insurreccional contra el castrismo, al ser el primer periodista que se entrevistó con los alzados del Escambray.

Santa Clara

"Paradójicamente, Guevara no aparentaba ser un hombre violento. Tenía una sangre fría muy grande y no le importaba mucho matar a una persona, le tenía poco amor y respeto a la vida, por supuesto a la vida de los demás. Tampoco era un individuo que valorizara a las personas, se podría decir que era un sujeto muy tranquilo. No sabías cuando estaba furioso o molesto y cuando podía hacer uso de toda la crueldad de que podía ser capaz.

Guevara no recurría siempre a la violencia para resolver los problemas, pero sí quería invariablemente hacer su voluntad. Te ponías a discutir con él sobre algo y si no llegabas a su misma conclusión se ponía muy fanático, recurría a la violencia verbal o lo que fuera, pero si las cosas resultaban como él quería no recurría a la violencia.

La gente que mataba lo hacía sin la más mínima alteración porque lo hacía como si quitarle la vida a un ser humano no tuviera importancia.

Cuando la toma de Santa Clara había tres columnas. Nada más que se mientan dos. La del "Che" y la de Camilo Cienfuegos, pero hay otra columna en el medio que comandaba Ramiro Valdés, que era el tipo de la inteligencia, del espionaje, que en su momento llegó a tener más gente que la que tenían las otras dos columnas.

El primero que entra en Santa Clara, a la ciudad me refiero, fue el "Che" en compañía de Félix Torres, un viejo comunista de

Las Villas a quien tuve la desgracia de conocer. Este personaje le fue informando a Guevara sobre quiénes eran los chivatos de Batista y quienes los asesinos del SIM en Santa Clara.

El "Che" rápidamente fue cogiendo preso a todos aquellos individuos y sin proceder a interrogarlos y menos llevarlos a juicio, los ejecutó a todos. Los primeros no fueron fusilamientos, eran simples ejecuciones al estilo de los chinos, o sea, un tiro en la nuca.

El segundo hombre importante del Movimiento 26 de Julio que entra a Santa Clara es Camilo Cienfuegos, quien al enterarse de lo que estaba pasando exclamó: "Coño, esto es un baño de sangre, ha habido una pila de muertos, dónde están los papeles de los juicios".

Ante esa situación, Cienfuegos ordenó a Ramiro hacer una especie de investigación y confeccionar documentos como si hubieran tenido lugar los juicios. Ramiro fue identificando a los muertos y es por eso que los que no están enterados dicen que los fusilados de Santa Clara son muertos de Ramiro Valdés, cosa que les aseguro no fue así.

Ramiro no fusiló a nadie en Santa Clara, no por buena gente, sino que cuando arribó a la ciudad ya estaban fusilados casi todos y no tuvo posibilidad de hacerlo. Lo que hizo fue las actas de las ejecuciones, juicios que armaban en una oficina con una maquinita de escribir, se dedicó a hacer el papeleo de la gente que había ejecutado Guevara, pero como Ramiro venía como responsable de la Inteligencia y de la Seguridad, a la gente le es fácil decir que Ramiro fue el asesino.

Todo el mundo le atribuyó a Ramiro Valdés las ejecuciones de Santa Clara y en más de una de las reuniones de amigos y compañeros en las que festejábamos el triunfo con lechón asado, cerveza y mil cosas más, así como en reuniones que teníamos para tratar temas políticos, los compañeros comentaban lo que había hecho Ramiro Valdés en Santa Clara y Camilo Cienfuegos intervenía diciendo, y dirigiéndose al "Che" cuando éste estaba presente, "Oye, quítale el lastre ese a Ramiro, que el que mató a la gente allí fuiste tú con Félix Torres, ustedes dos fueron los que lo hicieron, le han puesto ese San Benito a Ramiro, que no tiene nada que ver con eso".

Recuerdo que en una ocasión el "Che" le respondió, "Pero es que yo soy argentino" y Camilo, que no se quedaba callado le dijo: "Sí, ya me doy cuenta que eres argentino, no te calmaste un minuto para matar toda esa gente porque si llego a ser yo el que agarra a esa gente, como hice en Yaguajay, no fusiló a nadie, los llevé para Santa Clara y los culpables fueron condenados a cadena perpetua o a fusilamientos, pero se les hizo un juicio decente, no como tú, que ejecutaste toda esa gente, no dudo que entre algunos de los muertos había más de un bodeguero al que Félix Torres le debía dinero". Aclaro esto porque muchas personas fueron asesinadas por problemas personales y no por haber cometido algún crimen".

Jaime Costa. Comandante del Ejército Rebelde. Atacante al Cuartel Moncada y Expedicionario del Granma.

"Fui tesorero provincial del Movimiento 26 de Julio en la provincia de Las Villas y residía en Santa Clara. El coordinador provincial de movimiento en aquel momento era el ingeniero Enrique Oltusky y otro de los integrantes del comité provincial era el doctor Orlando Bosch.

Mi relación con Guevara fue más bien casual, fue en los días previos al ataque a Santa Clara y en particular al hoy famoso tren blindado, del cuerpo de ingenieros de las fuerzas armadas de la república.

El primer contacto con las fuerzas rebeldes se produjo poco tiempo después. Seguimos la ruta que nos señalaron y arribamos al campamento de Guevara un rato más tarde, estando en el lugar me di cuenta que conocía a muchos de los alzados y es que la gente de la clandestinidad que eran detectadas por la policía buscaban refugio en la montaña porque la lucha en la loma era más segura que la de las ciudades, o el llano, como decíamos en aquella época.

Uno de los rebeldes fue a donde estaba el "Che" y le dijo que había llegado Serafín Ruiz de Zárate, quien al triunfo de la revolución fue ministro de Salubridad o Salud Publica, junto a otras personas.

Puedo decirle que el "Che" me recibió de inmediato y en realidad fue muy atento, me dijo que hacía tiempo que quería hablar conmigo porque ya se había entrevistado con diferentes miembros de la dirección provincial del Movimiento en la provincia y que faltaba yo. La conversación en aquella choza y sentados cada uno en un camastro, se extendió por varias horas.

Un tema que puso distancia entre nosotros fue la presencia de los comunista. Me di cuenta porque de inmediato dejó de ser amable y hasta le cambió el tono de la voz cuando le expresé la preocupación que teníamos muchos porque cada vez que el Ejército Rebelde ocupaba un municipio, designaban a un militante del Partido Socialista Popular como Comisionado, que era el nombre que le dábamos a los que ocupaban provisionalmente el cargo de alcalde en los pueblos que se tomaban.

El cambio, te repito, fue radical, se convirtió en otra persona y en un tono que no dejaba espacios para ninguna discusión me dijo: "Mira chico, yo de esas cosas políticas no sé, yo soy militar, el delegado para esas cosas es el comandante Calixto Morales, así que habla con él y que te explique".

De inmediato, para ponerme en una situación difícil, como para intimidarme, llamó a gritos a un tipo para que localizara a Calixto Morales. La privacidad con la que habíamos conversado hasta ese momento se acabó, fuimos rodeados por militares y otras personas en el campamento y Calixto Morales empezó a hablar con voz muy alta y afirmó que ellos situaban en posiciones importantes solo a personas de gran historial revolucionario.

Guevara dio por terminada la charla y al otro día cuando nos encontramos, era otro individuo. Su cordialidad había desaparecido, estaba ríspido, agresivo y en compañía de cuatro o cinco personas, cuando la noche anterior, hasta que mandó a llamar al comandante Calixto Morales, habíamos conversado sin testigos.

Lo que hizo la siguiente vez que nos vimos me tomó de sorpresa y para mí fue una maniobra para neutralizarme involucrándome en lo mismo que yo había criticado anteriormente. Lo que le contaré ocurrió después de la captura del tren y de la fuga del dictador, han pasado 50 años y aunque recuerdo los sucesos a veces las fechas sí se me complican un poco.

El asunto es que estaba en Santa Clara, ya ocupada por las fuerzas rebeldes, y decido ir a casa para ver a mi madre y hermana. Vivía en el área, en un lugar que se llama residencial Capiro, me subí al carro –aclaro que de mi propiedad, no uno de los muchos que se ocuparon en aquellos días– y cuando voy rumbo a mi casa, de un jeep que venía en dirección contraria me hicieron señas insistentemente para que me detuviera.

Me estacioné y del jeep se bajaron Aleida March y Ernesto Guevara, que traía un brazo en cabestrillo. Guevara se dirigió a mi preguntando hacia donde me dirigía, le respondí que a mi casa, que desde que había empezado la lucha por la toma de la ciudad no había ido y quería saber de la familia.

El hombre se paró frente a mí y dijo: "Pues regresa pronto porque el capitán auditor de la tropa, que es el que lleva todos los juicios contra los culpables, no ha llegado y necesitamos organizar los procesos contra estos esbirros para fusilarlos enseguida y como él no está, quiero que te hagas cargo tú".

Aquella petición, que por supuesto era una orden, chocaba contra todos mis valores, contra todo lo que yo creía y perdí la habilidad política o la diplomacia que usé cuando la reunión de la Sierra y le dije al "Che" "No yo no, Che, yo no sirvo para nada de eso, perdóname, pero para eso si no sirvo yo".

El se quedó mirándome fijamente, se puso más firme como para decirme algo, pero la intervención de Aleida March, a quien yo conocía de la lucha y era su compañera en ese momento, me ayudó mucho. He comentado esta historia a varias personas que conocieron a Guevara y me han expresado su sorpresa de que no tomara represalias en mi contra. Me afirman que el "Che" no aceptaba un no y menos cuando tenía que ver con participación en tribunales o fusilamientos. Nos vimos unos días después en el regimiento Leoncio Vidal, recuerdo que se detuvo para mirarme con detenimiento. En aquella ocasión no había cordialidad en sus ojos sino un profundo odio no exento de desprecio".

Joaquín Argüelles. Contador. Coordinador de Finanzas del Movimiento 26 de Julio. Provincia de Las Villas.

La Cabaña

"Por ejemplo, mira en el libro mío, allí puedes ver la fotografía esa en la que Guevara dice en Naciones Unidas en diciembre de 1964, "hemos fusilado, estamos fusilando y seguiremos fusilando".

Ese mismo día fusilaron en La Cabaña a dos cubanos, Gilberto Pino, y otro de apellido Martínez, también a un extranjero, con el único propósito de demostrar que lo que decía el "Che" en un foro internacional se cumplía en Cuba a cabalidad.

Yo conocí al Che y estoy seguro que antes de salir de viaje dijo vamos a fusilar a estos tipos con nombre y apellido, aquellos dos cubanos eran oficiales de la marina de Cuba, habían sido revolucionarios, pero no eran comunistas. Guevara no vacilaba en fusilar, en matar, si tal acción le convenía a sus propósitos.

El juicio más escandaloso de todos fue el que le celebraron a Jesús Sosa Blanco, un oficial del ejército de la dictadura de Batista, en el Palacio de los Deportes en Rancho Boyeros. Me encontraba junto al "Che" cuando ocurrió aquel espectáculo. Le dije que me parecía que todo el proceso era vergonzoso, que la gente iba a ver aquello como una pantomima, una especie de coliseo romano, que me avergonzaba lo que estaba pasando. No sé si algunos de ustedes estuvieron allí pero recuerdo que trajeron unos guajiros para que identificaran a Sosa Blanco, estoy seguro que si me hubieran puesto a mí en lugar de Sosa Blanco me habrían identificado, porque en sus vidas ni una fotografía de aquel tipo habían visto.

Allí estaba buena parte de la prensa mundial viendo el espectáculo. Los dos fuimos a encontrarnos con Fidel para exponerle nuestro descontento y este, con una cara del carajo, nos dijo que ya todo estaba terminando, que lo mejor era dejarlo y no interrumpirlo.

Guevara discutió muy fuertemente con Fidel, y este, molesto, le preguntó: "Bueno ¿y qué harías en este caso? "Yo lo mató y se acabo la fiesta, pero no doy ese show internacional que estamos dando".

Yo, que le conocía, me quede espantado, no estaba molesto por el proceso, porque un hombre iba a perder la vida en un juicio donde no había la más mínima garantía, simplemente le molestaba el show. No le importaba que el juicio no fuese normal, para él el problema estaba en que se había llenado la Ciudad Deportiva de gente que no sabía ni lo que hablaban y señalaban a cualquiera como culpable. Le molestaba el espectáculo, no le preocupaba la falta de justicia.

Hay que señalar que a Guevara le achacan ser responsable de cientos de fusilamientos en La Cabaña. Allí los juicios no se ajustaban a derecho, prácticamente no existían, los procesos, dicen, eran una parodia y en la mayoría de los casos el que dictaba la condena a muerte de esas personas era el propio Ernesto Guevara. Hay testigos, compañeros de Guevara, que lo acusan de esos crímenes".

Jaime Costa. Comandante del Ejército Rebelde. Atacante al Cuartel Moncada y Expedicionario del Granma. Autor del libro, "El Clarín toca al amanecer".

"Después del triunfo de la Revolución seguí los fusilamientos muy de cerca. En muchas ocasiones estaba en compañía del camarógrafo Eduardo Hernández, a quien le decían "Guayos". Él sacó fotos de las ejecuciones pero yo no fui a los fusilamientos, aunque si escuché muchos testimonios sobre las ejecuciones que comandaba Ernesto Guevara.

Donde Ernesto Guevara se destapó, como se dice vulgarmente, fue en la Fortaleza de la Cabaña. Fue en La Cabaña donde más gente se fusiló en aquellos primeros meses de la Revolución. Puedo decirles que fui una o dos veces a La Cabaña, allí estaba destacado con Guevara el capitán Antonio Núñez Jiménez. De visita en el lugar me encontraba con familiares de presos y algunos de ellos me dijeron tiempo después que sus parientes habían sido fusilados.

La verdadera personalidad de Guevara se hizo más evidente después del triunfo revolucionario, a partir de ese momento su condición de asesino, de hombre cruel y despiadado y hasta si se quiere de sicópata, se hizo más que conocida para todos. Hay una historia muy interesante que tiene que ver con uno de los hombres que fue muerto por Guevara, me refiero al teniente Castaño. El oficial, según se afirmaba, era un experto en asuntos relacionados con el comunismo, estaba a cargo de los archivos del BRAC un cuerpo policial a cargo de investigar lo relacionado con el comunismo en Cuba.

En las investigaciones relacionadas con el BRAC, Guevara estaba asesorado por Antonio Núñez Jiménez, ellos ocuparon los archivos de la entidad policial y arrestaron a Castaño. Escuché en esos días comentarios que el Che maltrataba y amenazaba a Castaño constantemente, hasta que terminó matándolo.

Guevara escribió cosas como estas: "América será el teatro de mis aventuras". "Huir de todo lo que me molesta donde me lleven los acontecimientos, mi ambición de horizontes". "Me interesa la China porque está acorde a mis ideas políticas". "Yo vivo con ese espíritu anárquico que me hace soñar horizontes". "Mis amigos son mis amigos mientras piensen políticamente como yo". "No soy moderado y trataré de no serlo nunca". "Asaltaré las barricadas y trincheras, teñiré de sangre mis armas y loco de furia degollaré a cuanto vencido caiga en mis manos".

Otra cosa que quiero decir es que el Che tenía la costumbre de escribir muchos diarios. Escribía cartas, ensayos, y hay un trabajo de él que decía "Odio la civilización, mis amigos serán los que piensen como yo políticamente, quiero bañar con sangre mis armas, soy un fanático, soy anarquista".

Finalmente, entre estas cosas que escribió y conservo, tengo lo que puso en el pasaporte de los que fueron al Congo: "El odio como factor de lucha, el odio intransigente al enemigo impulsa más allá de las condiciones naturales del ser humano y lo convierte en una fría y selectiva máquina de matar".

Agustín Alles. El primer periodista cubano en subir a la Sierra Maestra en el periodo insurreccional. Cumplió similar misión durante el proceso insurreccional contra el castrismo, al ser el primer periodista que se entrevistó con los alzados del Escambray.

"En enero de 1959, hacía muy poco tiempo que me había graduado en Derecho en la Universidad de La Habana, no tenía prácticamente ninguna experiencia como abogado, me encontraba en los pasos iniciales de la vida profesional.

El triunfo de la Revolución fue muy esperanzador porque ciertamente se abría un horizonte completamente nuevo para el pueblo.

Las razones por las cuales me fui a trabajar con Ernesto Guevara eran muy generales, y como era abogado tenía que trabajar en lo que se relacionase con mi carrera y como las oportunidades estaban abiertas, las usé.

Recuerdo que me dijeron ¿Por qué no te vas a trabajar a La Cabaña?, a trabajar como abogado, allí hacen falta gente para instruir expedientes. Me dije, pues vamos a La Cabaña, lo que hace falta es servir a la revolución en donde la profesión pueda ser más efectiva. La figura de Guevara no era para mí ningún arquetipo, como no lo era tampoco la de Fidel Castro.

Trabajé en aquellos tribunales de los cuales realmente no tenía mayor conocimiento. No tenía una idea exacta de lo que era su dinámica. Tampoco podía tenerla porque en la lucha siempre habíamos soñado con una Cuba democrática, con una Cuba de derecho, no con una Cuba de venganzas y mucho menos con una Cuba preocupada más que nada con pedirle cuentas a los esbirros de la tiranía de Batista. Esa no era nuestra divisa.

Cuando llegué a La Cabaña me recibió un joven abogado, el capitán Miguel Duque de Estrada. Miguel era uno de los hombres del Che, uno de sus hombres de mayor confianza, me recibió muy amablemente, con traje militar, boina y demás.

Charlamos un largo rato hasta que me dijo: "Mira, aquí hacen falta abogados porque estamos trabajando en una Comisión Depuradora que está encargada de hacer rendir cuentas a los esbirros de la tiranía que habían cometido crímenes políticos". Ese lenguaje yo lo conocía, pero me llamó la atención la forma como me adoctrinaba, como me señalaba la forma que tenía que hacer mi trabajo.

Duque, agregó: "este es un tribunal muy sencillo, todo lo que tienen ustedes que hacer es instruir los expedientes de los casos que se estén investigando. El oficial investigador siempre tiene la razón, siempre dice la verdad. Simplemente tenemos que aceptar, acogernos a lo que él dice en el informe. Tú vas a organizar, vas a instruir los expedientes y después los pasas al Ministerio Fiscal, la labor es bien sencilla. Una labor de profesional pero muy limitada. Esas fueron más o menos sus palabras". Recuerdo que dijo de inmediato: "Aquí vas a ver cosas muy sabrosas. Sabes, vas a ver cosas muy, muy serias". De pronto se paró, me llamó con un "Mira ven pa'cá para que veas cosas bien directas".

Caminamos un tramo rumbo a los calabozos donde estaban los detenidos, nos paramos frente a una reja, allí se encontraba un individuo del que yo había oído mencionar, había oído hablar de él, un tipo bajito, un hombre de unos 35 o 36 años, tenía puesto un traje de preso, estaba titiritando no sé por qué cosa, salvo la difícil situación que enfrentaba. No dije nada, simplemente observaba. El hombre nos miró con un tremendo temor reflejado en el rostro.

Parado en la reja me dijo este es Ariel Lima, y prefiero omitir la dura palabra conque lo calificó. Me contó que Lima había sido de los revolucionarios que se habían pasado para el lado del coronel Esteban Ventura Novo y que por esa razón le iban a dar cepillo, un término que se usaba en la época para decir que la persona iba a ser asesinada.

Aquellas palabras me provocaron un gran escozor en todo el cuerpo, porque como abogado no me cabía en la cabeza de que un reo estuviese condenado antes del proceso al que tenía derecho y más por el individuo que se suponía a cargo de que el juicio fuese justo e imparcial.

El preso es un individuo con derechos, está preso, pero tiene derechos y mientras no se haya probado su culpabilidad y no se cumpla el procedimiento adecuado a la ley, no se debe dictar sentencia. ¿Cómo este hombre, Duque de Estrada, que era abogado también, le dice a usted en su cara "a este le vamos a dar cepillo"? Es decir, que tú vienes aquí como una figura decorativa, no vienes aquí a realizar ninguna labor profesional, era en verdad lo que me estaba diciendo.

Me acuerdo de un capitán de apellido Paz, su expediente lo tuve en las manos muchas veces, pero no veía en él ningún caso, un hecho contundente. Por otra parte, los testigos de los procesos que me entregaban nunca estaban a mi disposición, no recuerdo más que algunos pocos casos de testigos, pero no eran de mis expedientes, sino de expedientes de otros compañeros.

Muchos sumarios eran conducidos por jóvenes bisoños y con muy poca participación en el proceso insurreccional, que estaban ganando méritos. Los interrogatorios a los testigos de cargo eran muy simples y con la finalidad de buscar cómo acusar a una persona determinada. Por ejemplo, se le preguntaba a un individuo qué conocía de tal oficial o soldado y si la respuesta era afirmativa y en alguna medida incriminaba al individuo, se iniciaba un proceso sin buscar mayores evidencias.

En una ocasión vino a verme un teniente de nombre Yibre, este individuo era del Instituto de Segunda Enseñanza de Santiago de Cuba. Entró en la oficina en la que yo trabajaba en la Comisión Depuradora en la Fortaleza de La Cabaña, recuerdo que dirigiéndose a todos nosotros expresó: "aquí lo que hay que traer es a las madres de los asesinados, hay que traer a una mujer como Estela Milanés, son gentes verdaderamente revolucionarias, llevarlas frente al tribunal y entonces allí pedir paredón para la partida de esbirros estos, y eso es lo que ustedes tienen que hacer".

Lo escuché, era un individuo mucho más joven que yo, con uniforme del 26 de Julio. Lo examiné de arriba a abajo, no le hice ninguna pregunta porque desde el primer momento un instinto me dijo, tienes que ser discreto, escucha, porque vas a aprender en la medida que observes. No te manifiestes, déjalo que hable.

Era el mismo discurso de Fidel, más o menos el mismo discurso revolucionario de los primeros días, de los primeros momentos, trataban de llevarnos más que nada por las emociones, por el partidarismo, por el radicalismo, por las actitudes extremas.

En estas circunstancias es que tengo las primeras referencias directas del Che, que era un personaje muy fácil de ver, era un hombre muy flaco, tenía un brazo en cabestrillo, muy pausado, muy calmado, nunca lo vi alterarse. Cierto que decía cosas muy groseras, usaba un lenguaje muy fuerte en cualquier circunstancias, es más, yo creo que se vanagloriaba de hacerlo, también se esforzaba por presentarse siempre ante nosotros como un hombre objetivo, un hombre frío, un hombre calculador e indiscutiblemente un marxista convencido, tanto de la ideología como de la función para la cual estaba allí.

Guevara escuchaba y cuando alguna persona le hacía objeciones, miraba de frente, porque tenía la tendencia de menospreciar cualquier argumento que estuviera en contra de lo que él decía. Recuerdo que nos reunió varias veces, en ocasiones dirigía personalmente la charla, otras veces puso a Duque Estrada en esa función, en definitiva, daba lo mismo uno que otro, porque decían las mismas cosas.

Nos decían, "ustedes están aquí para pasar los expedientes rápido, la comisión está trabajando muy lentamente y nosotros tenemos que ir juzgando a todos estos criminales lo más rápido posible, ustedes tienen que estar tranquilos, ustedes pasan sus expedientes al Ministerio Fiscal, y de ahí va al tribunal, después hay un tribunal de apelaciones".

Eso era lo que decían, pero el tribunal de apelaciones era el mismo que había hecho el juicio en primera instancia, por lo que prácticamente ese proceso no existía, de oficio todas las sentencias se declaraban con lugar.

Tanto Yibre como Duque de Estrada, repetían lo que decía Ernesto Guevara, y coincidían con lo decía Fidel en la televisión. Las palabras siempre eran: "son unos criminales, unos asesinos, hay que juzgarlos y que cumplan, que se cumpla la sentencia, y la sentencia tiene que ser respetada". Había otra expresión que era el famoso grito de paredón, que en aquellos momentos era coreado por los elementos más radicales en las calles de La Habana.

En este proceso había muchas figuras muy interesantes. Estaban el capitán Alvarado, el teniente Sotolongo y el famoso Pelayo , que le decían "Pelayo Paredón", porque pedía la pena de muerte para todos los procesados sin que importara la acusación.

Recuerdo un teniente llamado Estévez, este individuo no era comunista, era abogado y vestía de militar, durante una conversación en el comedor me dijo: "Mira, todo esto es una maniobra de Fidel, porque él sabe que el Che es comunista, y lo ha puesto al frente de todo esto para embarrarlo y llenarlo de sangre y después echarlo a un lado como figura política, porque el Che es un rival de Fidel desde el punto de vista político".

A mi estas cosas se me grabaron, no porque la rivalidad entre ellos me preocupara tanto, sino porque nosotros estábamos cumpliendo una función impopular y yo me vi en ese momento entre los que llenaban esa función impopular y la sangre iba a caer sobre mí también, siempre y cuando siguiera las instrucciones del Che.

También teníamos otro abogado que en este caso era un hombre viejo, era civil, el doctor Alonso. El suceso que voy a narrar me lo relató ese señor un tiempo después. Él también se fue de la Comisión, recuerdo que me contó lo sucedido en un restaurant situado en la calle Obispo u O´Reilly, en una de esas dos calles, que se llamaba "El Naranjal".

Me dijo que cuando estaba en la misma función que yo, no lo conocí en La Cabaña, sino después, el Che lo había llamado personalmente a su despacho, y le había dicho: "Doctor, ¿por qué usted se demora tanto en pasar los expedientes? A lo que respondió: "Comandante, yo me demoro, porque soy un hombre de derecho, y tengo que examinar, tengo que preguntar a los testigos, tengo que examinar la documentación, instruir un expediente, y más en un expediente donde se está pidiendo pena de muerte, pues esa es una responsabilidad muy grave para un abogado".

Me dijo que el Che le respondió: "Doctor, no mire las cosas de esa manera, son ideas burguesas, estamos en una revolución, las cosas son distintas, usted está aquí para pasar los casos rápidos. No se ocupe. Ya después van al tribunal y hay un tribunal de apelaciones también".

Era lo mismo que decía en público y nos repetía cada vez que se presentaba la oportunidad o cuando algún profesional mostraba remordimiento ante lo que estaba ocurriendo. Recuerdo una frase muy común en La Cabaña en aquellos días, "lo que quisiera es tener una ametralladora en las manos y a todos esos criminales los pondría de una sola vez en el paredón y con la 30, les volaba la cabeza".

Confieso que esas palabras y otras parecidas las escuché infinidad de veces. La verdad que en aquella época no me di cuenta que eran personas de consignas, y que el verdadero creador, el que primero las había dicho y el que la había generalizado como tantas otras de igual tipo, era el propio Che.

Los acontecimientos, los incidentes de esa época fueron muchísimos, eran días muy intensos, nosotros trabajábamos muy duro, yo generalmente llegaba sobre a las 9 a 10 de la mañana y me iba a las 9 o 10 de la noche. La actividad era muy intensa, muchas entrevistas, veíamos muchas personas, algunas de importancia.

Numerosas personas venían a vernos, a plantearnos sus problemas, en una oportunidad un teniente llamado Máximo, no me recuerdo el apellido, pero sí que era un hombre bajito, un individuo muy bajito al que se le apreciaba que era muy fuerte y que había conocido en la Universidad de La Habana, cuando él estudiaba Ciencias Sociales.

Me contó que había estado en el Segundo Frente Frank País bajos las órdenes de Raúl Castro, me dijo que había luchado duro, que había obtenido los grados a costa de correr mucho peligro pero que en cuanto había triunfado la Revolución lo habían puesto a comandar pelotones de fusilamientos, pero como era católico tenía reparos en continuar cumpliendo aquella misión. Me comentó que en los primeros fusilamientos en que participó no se ataban a los condenados, que eran conducidos hasta el paredón y colocaban delante de ellos un pelotón de soldados que la mayoría de las ocasiones eran bisoños. Señaló que lo que me contaba había ocurrido hacía unas semanas atrás en Santiago de Cuba, cuando Raúl Castro ordenó los primeros fusilamientos en esa ciudad oriental.

Me relató que había hablado con un sacerdote, pero que este le había contestado que no incurría en mayor responsabilidad porque lo que estaba haciendo era cumplir con su deber como militar. Máximo me dijo que a pesar de lo que le había dicho el sacerdote no estaba satisfecho y que quería librarse de esa función, razón por la cual se encontraba en La Habana buscando que le dieran una nueva orden, que lo ubicaran en otro lugar, pero que cuando llegó a la capital enseguida lo enviaron para La Cabaña con el mandato de que siguiera dirigiendo pelotones de fusilamiento.

Realmente no sé por qué pero reaccioné preguntándole cuando tenía que cumplir la primera orden de ejecución. Sé que no fue una pregunta prudente y dolorosa para él, pero se la hice, mi pregunta tuvo una respuesta rápida y cortante: "Esta noche debo realizar dos ejecuciones" y le contesté sin pensarlo y aún me pregunto por qué lo hice: "Ah, yo te voy ir a ver".

Aquel hombre cambió de color, me miró fijamente y me dijo con mucha seriedad. "Mira comemierda, tú no sabes lo que estás diciendo. No sabes que estás hablando. Has visto alguna vez en tu vida un trozo de carne colgando en una carnicería dejando correr la sangre, pues bien, eso es lo que vas a ver cuando se le entra a tiros a una persona". Me quedé patidifuso porque no esperaba una reacción de ese tipo, por un instante no sabía si aquel hombre me estaba increpando a mí, o estaba, quizás, increpando la situación.

Me había planteado un problema de conciencia que indiscutiblemente lo estaba atormentando, aquello fue para mí como un sacudimiento, creo que muy pocas veces en mi vida una persona me había hablado con tal efectividad porque me hizo ver la realidad de la situación. Su reacción me produjo un impacto profundo y devastador, tan profundo, tan consistente, que me mostró los hechos en su verdadera dimensión y en lo que yo estaba participando de una forma que no había experimentado antes.

Todos en Cuba hablábamos del paredón, platicábamos sobre los fusilamientos, muchas personas no estábamos de acuerdo, muchas teníamos nuestras reservas de lo que estaba sucediendo en el país, pero en ningún momento en particular yo había reflexionado tan minuciosamente sobre la situación. Vi claramente la tragedia en su totalidad, los hechos que enfrentaban diariamente esos muchachos jóvenes sin experiencia militar que designaban a los pelotones de ejecución, los veía todos los días en el tribunal, venían con mucha frecuencia, porque aparte de ser ejecutores, en ocasiones fungían como testigos, pero no me había percatado.

Hay que tener presente que a estos jóvenes se les pagaban 15 pesos por participar en cada pelotón, a los oficiales les gratificaban con 25. Los oficiales que conducían los pelotones de fusilamientos eran muy pocos, había uno de nombre Herman Mark, que era americano, después fue otro oficial de apellido Expósito, que también creo era norteamericano. Los oficiales que dirigían pelotones de fusilamiento eran conocidos, porque te repito, eran muy pocos los que se prestaban para ese tipo de tarea.

Eran hombres, no quiero entrar ahora a juzgarlos, que en ningún caso nos correspondía a nosotros ejecutarlos, yo preparando la sentencia y ellos dirigiendo el paredón.

Después de aquella situación entre Máximo y yo se estableció una comunicación muy compleja y difícil de explicar, le prometí que haría lo que estuviera en mis manos, le dije que le expondría la situación a mis superiores pero que no le podía garantizar los resultados.

Este es mi mensaje, reflexionen, reflexionemos en torno a estas cosas y comprendamos que el responsable máximo, el que daba las órdenes para esto era Ernesto Guevara, y no otra persona, claro que están Fidel y Raúl, indiscutiblemente, pero Guevara era quien asumía la responsabilidad directa en esos casos.

A partir de ese día mi conducta en La Cabaña fue completamente diferente, a partir de ese momento no pasé ningún expediente, todos los expedientes se quedaron en mi buró, mi escritorio tramitaba muy pocos, pero a partir de aquel día muchísimos menos. También quiero contarle otro incidente que fue muy importante, quizás menos efectivo, pero sí complementario de mi experiencia anterior.

La familia de un preso mueve cielos y tierra para resolver la situación de su pariente, eso era muy frecuente, los familiares de los presos entraban y salían haciendo lo indecible por aminorar la pena de sus seres queridos. Le cuento que una familia en particular, voy a reservarme el nombre, se movió mucho a favor de un joven que estaba condenado, los familiares afirmaban que aquel muchacho no había sido el delator, el chivato, que causó la muerte de una víctima.

Ellos lograron entrevistarse con Guevara después de muchas gestiones. Lo repito, Guevara escuchaba a todo el mundo, y escuchó a la familia y hasta reconoció que el delator podría haber sido otra persona y aun así al final de la entrevista les dijo: "bueno, yo estoy de acuerdo con ustedes, yo creo que efectivamente, el acusado no fue quien dio el chivatazo, pero mire, estas cosas hay que juzgarlas con un criterio revolucionario. No estamos discutiendo, más o menos, si él lo hizo, si dio el chivatazo o lo dio otro, es un problema intranscendente, lo importante es que él vestía el uniforme de esbirro de la tiranía y esa es la razón por la cual lo llevo al paredón".

Me pregunto cómo es posible que en un proceso como el cubano, donde los muertos de ambos bandos no pasaron de 3 mil, se fusilaran durante el tiempo que funcionó la Comisión Depuradora en La Cabaña, cientos de personas acusadas de crímenes de guerra. Esa es una cifra que a cualquier individuo que sea un poco objetivo tiene que sacudirle la conciencia".

Dr. José Vilasuso. Abogado. Trabajó como abogado en la Comisión Depuradora en La Cabaña, 1959.

"En 1959, ingresé a las Fuerzas Armadas Revolucionarias y me enviaron para La Cabaña a un organismo que se llamaba Comisión Depuradora de La Cabaña. Al frente de ese organismo estaba el capitán Antonio Llibri y fue allí donde conocí a Ernesto Guevara, donde trabajé bajo sus órdenes en esa misma Fortaleza de La Cabaña cuando fue jefe militar de ese establecimiento.

La Comisión Depuradora fue un organismo creado por Fidel Castro con el argumento de depurar las Fuerzas Armadas cubanas, aunque en realidad la Comisión tenía como único objetivo implantar el terror revolucionario en el país mediante los fusilamientos, ejecuciones que eran ilegales.

Se formaron tres comisiones depuradoras y tres tribunales, el objetivo de los tribunales era justificar los fusilamientos arbitrarios porque los infelices que ejecutaban ya habían sido previamente sentenciados, como fue el caso del primer teniente José de Jesús Castaño, jefe de Operaciones del BRAC, asesinado personalmente por el "Che" en su propia oficina, según muchas versiones. La realidad es que para ejecutar a Castaño no había argumento legal porque este señor no había matado ni torturado durante el régimen de Fulgencio Batista.

La comisión depuradora estaba formada básicamente por comunistas y sus partidarios, su jefe máximo fue Ernesto Guevara y uno de sus principales ayudantes fue el capitán Antonio Núñez Jiménez, otro agente soviético, y el también mencionado capitán Antonio Llibri, miembro del Partido Comunista que en Cuba se llamaba en esa época Partido Socialista Popular, agrupación que lo había situado en la Sierra Maestra como uno de los asistentes de Fidel Castro.

La mayoría de aquellos expedientes solo contenían mentiras, las sentencias estaban dictadas antes de iniciarse el juicio, antes del juicio ya se tenía conocimiento de las condenas que se iban a dictar.

El "Che" Guevara personalmente señalaba con un lápiz o una pluma la gente que iban a ser fusilados para lo cual era asesorado en muchas ocasiones por otros militantes comunistas como Osvaldo Sánchez , que más tarde fue el principal organizador en Cuba del G2.

Las sentencias, repito, eran simplemente un trámite, un formalismo más. Esas sentencias estaban dictadas antes del juicio. Entre la gente que más se destacó fusilando cubanos había un norteamericano expulsado deshonrosamente de las Fuerzas Armadas de su país, llamado Herman Markovich, pero la gente le llamaba Herman Koch, este sujeto era un verdadero enfermo, un individuo que gozaba con asesinar personas.

Desgraciadamente para el pueblo cubano vimos que un extranjero como Ernesto "Che" Guevara, un apátrida, porque como marxista-leninista era un hombre sin patria porque esa gente ni cree en Dios, ni en la patria ni en la familia, utilizaba para sus sangrientos fines a sujetos como Herman Koch, un tipo que al fin y al cabo era un psicópata, un degenerado.

Vuelvo al caso de Castaño que no era un defensor del régimen de Batista, él era un militar de academia y un convencido anticomunista, un individuo que hablaba varios idiomas, era el hombre que más sabia de asuntos comunistas dentro del BRAC y nunca fue promovido como merecía porque Fulgencio Batista no lo quería, no tenía ninguna simpatía hacia él. Batista nunca lo ascendió más allá del grado de primer teniente".

Napoleón Vilaboa. Integrante de la Comisión Depuradora de La Cabaña.

"Lo vi en varias ocasiones cuando bajaba hasta el área del patio de "La Cabaña", él observaba, curioseaba, pero no se acercaba hasta donde estábamos nosotros, su actitud era como si estuviera en un parque, caminaba, se conducía como si aquello no le importara nada.

Las acusaciones más severas eran contra el teniente José Castaño, acusaciones falsas y sin sustentación, prefabricadas, todo el proceso fue arbitrario, sin ninguna posibilidad de que se hiciera justicia, a Castaño no le achacaron ningún asesinato, los que le acusaron le incriminaban actos de torturas y malos tratos, pero le aseguro que todo era mentira.

Creo que el odio contra Castaño radicaba en que uno de sus mayores éxitos fue penetrar el Partido Socialista Popular, contaba con gente que había infiltrado dentro de esa organización, a la vez que militantes del Partido le informaban sobre las actividades del PSP.

Mire lo que le voy a contar ahora es eso que los americanos dicen "secretos de oído", porque no lo presencié, pero me lo dijo una persona que era amigo mío, él me contó cómo había sido la muerte de Castaño en la primera oportunidad que tuvo.

Era un teniente del ejército de apellido Gómez, y hablo así porque imagino que debe estar muerto porque era mucho mayor que yo, nos conocíamos desde hacía muchos años, teníamos una relación casi de familia, él siempre había trabajado en las oficinas de La Cabaña y lo siguió haciendo después del triunfo de la Revolución, en cierta medida también trabajó con el "Che" Guevara.

El teniente me contó que cuando se dictó la sentencia a muerte contra Castaño, el Nuncio Apostólico en Cuba fue a ver al presidente Manuel Urrutia para que conmutaran la pena y Urrutia conmutó la sanción por una de 25 años de cárcel, decisión que comunicó al Che, quien por respuesta ordenó que Castaño fuera conducido hasta su oficina donde le dio muerte delante del capitán Miguel Ángel Duque de Estrada, jefe del Dpto. Legal de La Cabaña, ordenando de inmediato que condujeran al occiso hasta el lugar donde se realizaban las ejecuciones y que simularan que habían cumplido la sentencia. Después de esto envió un mensaje al presidente Urrutia en el que le decía que la orden de suspensión había llegado tarde".

Jaime Pérez Singla. Agente del Buró de Represiones Anticomunista. BRAC. Asistente del teniente José de Jesús Castaños.

"El 6 de marzo fue el juicio y a eso de la medianoche lo condenaron a muerte, posteriormente se hizo una evaluación del caso de Castaño y se mandó una comisión para que hablara con Fidel Castro para que no fuera ejecutado.

Los trámites fueron muchos, incluso una comisión de la embajada de Estados Unidos hizo gestiones ante el propio Fidel Castro para que no mataran a mi padre, ya que el teniente Castaño no estaba acusado de ningún crimen, no le impugnaban ningún asesinato, ni tampoco que hubiera herido o maltratado a alguien.

Tengo entendido que Castro se comunicó con Ernesto Guevara y que este le dijo que ya era muy tarde, que la orden había sido ejecutada por él y en su despacho, según las informaciones que tengo fue interrogado y maltratado físicamente, me afirmaron que el "Che" Guevara con una pistola en la mano se paró, se colocó en las espaldas de mi padre y le dio dos balazos en la cabeza.

Esa es la versión que tengo, la que me han dicho. Yo no estaba en La Cabaña, estaba en La Habana, pero varios miembros del Buró de Represión de Actividades Comunistas, BRAC y del Servicio de Inteligencia Militar, SIM, que estaban presos en La Cabaña durante los sucesos, dicen que esa noche no se fusiló a nadie, el teniente Castaño fue asesinado pero no ante un paredón de fusilamiento, esa noche los ya habituales disparos que tenían lugar en el paredón de fusilamiento, no se escucharon.

La causa por la cual mi padre fue asesinado por Ernesto Guevara es porque tenía un extenso conocimiento sobre las actividades comunistas en Cuba, desde hacía dos o tres años mi padre era el segundo jefe del Servicio de Inteligencia Militar y después del BRAC. Mi padre poseía uno de los mejores archivos sobre las actividades comunistas en Cuba, Centro y Suramérica, por eso tenía un contacto directo y regular con la embajada de Estados Unidos en La Habana".

Rolando Castaño. Hijo del Teniente José de Jesús Castaño.

"Mi padre, José de Jesús Castaño y Quevedo, nació en La Habana el día 23 de junio de 1914. Todos conocen que mi padre fue destacado primero en el SIM y luego de Jefe de Operaciones en el Buró para la Represión de las Actividades Comunistas (BRAC), como segundo del Comandante Mariano Faget, quien era el Jefe del organismo.

Entre las personas que mi padre investigó y con quien tuvo un altercado cuando lo arrestó en investigaciones, fue con el tristemente célebre Camilo Cienfuegos.

A mi padre le hicieron un juicio donde no permitieron ningún testigo a su favor, lo querían culpar de todo lo que se les ocurría, en esos días prácticamente las acusaciones eran las mismas para todos los procesados, los juicios ventilaban los mismos cargos, en realidad lo importante para los victimarios era eliminar a los que usaron uniforme militar o policial durante el gobierno del Batista, por supuesto siempre pedían pena de muerte y la mayoría de las veces las sentenciaban y aplicaban.

El día del juicio mi madre y yo fuimos con siete testigos a favor de mi padre, inclusive uno que había luchado por la revolución y que mi padre lo salvó varias veces para que la policía no lo golpeara. Por otro lado, mi hermano menor, con su traje de Boys Scout y acompañado de dos amigos de su patrulla, entraría por otra puerta con el pretexto de que venían a ver o aprender, pues sin un motivo especifico no los dejaban entrar.

Al llegar al portón de La Cabaña, nos preguntaron quiénes éramos y qué hacíamos. Respondí que éramos familia de Castaño, que veníamos al juicio y nos pidieron los nombres, después preguntaron si habían testigos a favor, agregando que los nombres de mi madre y el mío estaban allí pero los de quienes nos acompañaban no y que allí no entraban testigos a declarar a favor de los esbirros; solo pudimos entrar mi madre y yo.

Nosotros apelamos a la Embajada de Estados Unidos, ellos nos ayudaron y trataron de interceder a favor de mi padre y otro tanto hizo el clero, tanto unos como otros conocían a mi padre y sabían que era un hombre limpio de culpas.

El día que nos informaron de la sentencia fue la última visita. Recuerdo que nos dijo que le lleváramos en la jaba un par de zapatos corrientes, mi madre y yo siempre nos la arreglábamos para pasar las cosas. Recuerdo que mi padre se despidió de nosotras, le dio el reloj que tenía puesto a mi madre, las botas de militar y una carta de despedida llena de amor y ternura que aún conservo y la recomendación de que no nos olvidáramos de tener fe en la apelación, que era en realidad otro show de la revolución para poder asesinar diciendo que se respetaban las leyes.

Fidel Castro estaba en una asamblea general con los trabajadores y el Sindicato de los telefónicos.

Tanto mi amiga Rosa María como mi amigo Ernesto, me llamaron y me contaron que Camilo se había comunicado con Fidel durante la asamblea, que Fidel le dijo:- "Camilo, si no lo han encontrado culpable de nada y hay tanto empuje de los americanos y de los curas, dile al Che que mañana quiero ver ese expediente, quiero saber quién es ese Castaño". Por otro lado, nos llamó el padre que hacía las confesiones en La Cabaña y nos dijo que le habían comunicado la cancelación del fusilamiento de Castaño.

A las tres de la mañana, algo imposible, yo sentí varios tiros y un sentido de angustia y de dolor inexplicable hasta el día de hoy. Llamé a Muñeca, mi madre, y le dije, "Muña, mataron a Cheo, así le decíamos a mi padre, lo he sentido". Llamamos a la Iglesia y el padre nos dijo que era imposible, que el acuerdo era que siempre se les daba el derecho de confesión.

A las cinco de la madrugada salieron los periódicos, gritando el vendedor, fusilaron al esbirro Castaño. De nuevo llamé al Padre y le dije, "llamé a un amigo, un reconocido profesor de ideales comunistas, pero amigo de la casa y le pedí nos llevara a La Cabaña en su auto para que nos ayudara a reclamar el cadáver".

La gestión en La Cabaña fue por supuesto dolorosa y agobiante pero nos prometieron que nos entregarían el cuerpo en el cementerio, pero al no tener nada comprado en el cementerio acordamos que fuera en una funeraria a la dos de la tarde y que de allí trasladarían el cadáver al cementerio, la primera funeraria que se nos ocurrió fue la Funeraria Caballero.

Llegamos a la funeraria, el cuerpo de mi padre lo traían dentro de una bolsa plástica dos sujetos con traje de revolucionario que portaban armas largas. Debo reconocer que a veces, en ciertas situaciones, es una ventaja ser una mujer joven, rubia de ojos claros y en aquellos momentos me imagino que atractiva, recuerdo que les pedí de favor que me dejaran vestir a mi padre y acomodarlo en su ataúd, me dijeron: "Si tú lo haces, está bien, nosotros no tocamos muertos, cuando terminen el resto de la familia puede verlo pero de dos en dos y no quiero show, nada de lágrimas, o nos llevamos al muerto".

Mi madre y yo lo vestimos con ellos supervisando, nos demorábamos un poco para darle tiempo a mi hermano Rolando a llegar al cementerio, le pusimos su traje de militar incluida las botas. Cuando lo vestíamos nos dimos cuenta que tenía el brazo izquierdo partido y tres tiros en la espalda, y un tiro de gracia en la cabeza.

No nos quedó más remedio que entrar de dos en dos a ver el cuerpo de mi padre, me encargué de entrar a mis abuelos, no creí que fueran a resistir ver el tiro que tenía en la cabeza, exactamente en la sien derecha, hacia la parte izquierda de la garganta.

Enterramos a mi padre, siempre custodiados por los dos individuos armados. Estando allí llegaron los amigos de mi hermano que eran ayudantes del Che, dijeron que venían a darnos el pésame pero les pedimos que se fueran, ellos regresaron por la noche a la casa y nos solicitaron de favor que les permitiéramos entrar porque querían hablarnos.

Nos contaron que ellos estaban de ayudantes del Che, que estaban presentes cuando recibió la llamada de Camilo y que ambos comandantes se pusieron de acuerdo para que la orden de Fidel no llegara. Camilo iba a decir que no hubo comunicación telefónica, que le iba a enviar un mensajero con la orden, mientras el Che se encargaba de matar a Castaño de inmediato para cuando llegara la orden fuera demasiado tarde.

Nos contaron que trajeron a Castaño, lo maltrataron, lo insultaron, le rompieron un brazo, lo tiraron al piso, le dieron tres ó cuatro tiros por la espalda, nos dijeron que ellos no habían luchado por esa Revolución pero que no habían podido hacer nada porque los habrían matado también, agregaron que Castaño era un hombre bueno".

Beatriz Castaño Hodgson. Hija de José de Jesús Castaño.

"Guevara es el único responsable del fusilamiento de un hombre como Jesús Carrera, el culpable total. Después que Jesús Carrera le impidió que circulara libremente por el Escambray, sufre digamos así, una pérdida de prestigio, el hecho de que lo hubiese detenido hizo que el comandante Carrera se convirtiera en su gran enemigo.

Era un individuo realmente peligroso, una de las personas más peligrosas que yo he conocido en mi vida porque no tenía reparos morales en nada de lo que hacía, no era un hombre de principios porque no creía en nada, solo creía en él. Desde el día del incidente Guevara empezó a planear como eliminar a Jesús Carrera, agarró preso a Jesús que no estaba en ninguna conspiración y lo involucró en lo de William Morgan para poder matarlo.

Sobre la toma del tren blindado se ha hecho una puesta en escena, mucha propaganda porque como arma no era nada eficaz y sí muy vulnerable. El famoso tren blindado era un tren normal con chapas de metal para que les dieran alguna protección a los soldados que transportaba, no era un tren fabricado con ese propósito sino adaptado a una función específica, era muy vulnerable porque podía en gran medida ser inmovilizado.

El "Che", más allá de si hubo algún tipo de soborno como muchas personas afirman o la incidencia de cualquier otra cosa, se aprovechó de la oportunidad e hizo fuego contra el tren blindado que estaba cerca de los "Caballitos", así identificábamos el cuartelillo donde radicaba la policía motorizada de la ciudad de Santa Clara".

Dr. Lázaro Asencio. Abogado. Comandante del Ejército Rebelde.

"Yo tenía amplios conocimientos de la difícil situación que

los jefes del Segundo Frente Nacional del Escambray enfrentaban con Guevara y el 26 de Julio en general, porque mi esposo William Morgan y el también comandante Jesús Carrera, conversaban todo lo relacionado con la lucha en mi presencia por varias razones, había sido guerrillera al igual que ellos y era la esposa de Morgan, que hablaba un poco nuestro idioma pero no lo suficiente para entender todo lo que conversábamos entre nosotros.

Recuerdo que cuando terminaron un encuentro que sostuvieron con Guevara, Jesús y William analizaron en mi presencia la entrevista y los posibles resultados de la misma, la persona que más discutió con el "Che" fue Jesús Carrera, Morgan que respaldó a Jesús en la reunión, tenía las limitaciones que le imponía el idioma. Ellos comentaron que la reunión había sido muy fuerte, dura, que se habían dicho cosas que eran muy difíciles de olvidar por lo que en el futuro tenían que estar pendientes de cualquier acción o idea que Guevara tratara de impulsar en su contra, le digo que todos los que supimos de aquella reunión teníamos la certeza de que Jesús Carrera estaba sentenciado si el Che ocupaba alguna posición importante, porque Guevara no iba a perdonar el desplante de Carrera y las muchas cosas que Jesús le dijo".

Olga Morgan. Ex Presa Política. Vda. del Comandante William Morgan.

"Estando en las montañas las fuerzas rebeldes tomaron una pequeña guarnición de tan poca importancia que en el momento de la captura no había ni un solo militar prestando servicios en el lugar, allí se apresaron tres o cuatro personas que fueron acusadas de ser colaboradores de la dictadura de Batista, eran acusaciones muy superficiales, hechas muy a la ligera pero que aun siendo ciertas, en mi opinión, no tenían base para ningún proceso y menos aun para ejecutar a ninguno de los acusados.

Ante aquellas denuncias Guevara dijo en público que si aquella gente había colaborado con la dictadura de Batista merecían la muerte, lo que ocasionó una fuerte discusión que terminó Guevara sacando su pistola y ante todos nosotros le disparó a uno de los acusados. Le aseguro que el "Che" Guevara no fue más que un asesino, un hipócrita y un atorrante.

Roberto Bismark. Dirigente del Directorio Estudiantil. Capitán del Ejército Rebelde.

"En aquel lugar había una gran cantidad de mujeres familiares de los presos, muchas con niños en brazos. Había muchísimas personas y todas estábamos muy tensas y preocupadas por lo que podía estar pasando más allá de las puertas y ventanas que podíamos ver.

En ese momento de mucha tensión se abrió la puerta y salió un automóvil muy lujoso, todas las mujeres salimos corriendo y nos arrimamos al vehículo con la intención de ver quien estaba en el carro para preguntarle, para averiguar la situación de nuestros familiares.

Pudimos ver que quien estaba en el auto era Ernesto "Che" Guevara en compañía del hombre que manejaba. Cuando lo vimos, todas las mujeres espontáneamente y sin que se pueda decir que alguien nos orientaba, empezamos a preguntarle qué estaba sucediendo en el penal, a pedir que nos dejaran pasar para ver a nuestros familiares ya que hacía semanas que no nos daban visitas, todas nosotras llevábamos jabas con alimentos, bolsas, porque la alimentación que los presos recibían era muy mala.

Guevara no dijo nada, nos miró con una cara de estúpido por un tiempo que nos pareció larguísimo, para decirnos que todos los presos estaban castigados y que no había visita para nadie. Al decir aquello todas las mujeres empezamos a gritar y nos abalanzamos sobre el carro y empezamos a moverlo como si lo fuésemos a virar. Le dábamos golpes por todas partes. En eso el chofer le dijo a Guevara, se había puesto pálido cuando nos vio tan furiosas, que subiera la ventanilla y de inmediato llamó por el radio a algún lugar porque de pronto apareció una patrulla de soldados con unas fustas o látigos en las manos que empezaron a golpearnos a todas. Eso motivó que nos mandáramos a correr por el camino por el que habíamos entrado antes. Recuerdo que agarré a Agustina por la mano, la señora que me acompañaba, que por cierto tenía una sombrilla que rompió dándole sombrillazos al carro de Guevara, la saqué de allí para que no le fueran a pegar porque aquellos guardias estaban dando golpes a troche y moche y no importaba que las personas fueran más viejas o más nuevas. Eso ocurrió uno de los días que fui a visitar a mi esposo, Agustina había ido a visitar a su hijo que se encontraban preso en La Cabaña, donde Ernesto Guevara era el jefe todopoderoso.

Pero lo más importante que les voy a contar es que mi hermano, Rafael García Muñiz, fue fusilado por orden de Ernesto Guevara. La historia es un poco larga y muy dolorosa. Trataré de hacerla lo más corta posible.

Mi hermano estaba como policía asignado a una perseguidora, carro patrullero como se dice hoy en día. Él estaba asignado a esa unidad junto a otros tres miembros de la Policía Nacional. Él era quien conducía la perseguidora.

Cerca de mi casa, en la barriada de Santos Suárez, La Habana, habían asaltado una armería los partidarios de la Revolución. La situación en el país era complicada y muy inestable, y mi hermano conducía como he dicho antes un patrullero que estaba asignado a cuidar a Irenaldo García, que era a la sazón uno de los jefes de la Policía Nacional.

Mi hermano escuchó en algún lugar que el general Fulgencio Batista se iba del país porque le habían dado un Golpe de Estado, por lo que decidió subir a la perseguidora e ir a mi casa, que se encontraba a unas cuantas cuadras del lugar donde le correspondía estar. Rafael despertó a mi esposo, que en ese momento estaba durmiendo porque le había tocado trabajar toda la noche. Recuerdo que le dijo a mi marido que se despertase porque había problemas en la estación de policías, de inmediato mi esposo se vistió y se fue con él.

Ellos estaban tranquilos porque no habían cometido ningún delito y suponían que no tenían que temerle a nada, por eso cuando llegaron a la estación se presentaron ante las nuevas autoridades y se pusieron a disposición de las mismas, sin embargo, de inmediato, fueron arrestados.

Todos fueron detenidos, pero evidentemente la situación más complicada era la de mi hermano porque lo acusaron de haber transportado en el carro patrullero a dos individuos revolucionarios a los que supuestamente le habían ocupado algunas armas y posteriormente fueron asesinados. Mi hermano Rafael fue acusado de aquellos crímenes porque supuestamente él conducía la perseguidora cuando los mataron.

Mi hermano aclaró que él no tenía nada que ver con eso, que no estaba en el carro cuando transportaron a las personas que fueron asesinadas, que ambos habían sido recogidos por sus otros tres compañeros después de los sucesos.

Por supuesto que hicimos nuestra propia investigación. La información que conseguimos fue que esos individuos sí habían matado a los dos revolucionarios pero que todo había ocurrido sin la participación de mi hermano Rafael, quien fue arrestado y separado de mi esposo, que también quedó detenido.

Estuvo un tiempo recluido en la prisión del Castillo del Príncipe, La Habana, y posteriormente lo enviaron a La Cabaña. Fue allí donde le dijeron que iba a ser sometido a un proceso, a un juicio. En el primer juicio que le celebraron ninguno de los que estaba presente le acusó de lo más mínimo y menos de un asesinato, los testigos declararon que el carro patrullero era el número 100 y ese número no correspondía a la perseguidora que conducía mi hermano, quien juraba que no había participado en ningún crimen, y como a esto se suma que no había la más mínima prueba en su contra, suspendieron el juicio para el otro día.

Al día siguiente el Tribunal estaba integrado por otras personas, ya que los que participaban como jueces o fiscales cambiaban. Cuando le juzgaron por segunda vez el proceso fue dirigido por un hombre que tiene muchas historias de maldad, un individuo tan sanguinario que es conocido como Pelayo "Paredón", aunque su verdadero nombre era o es Pelayo Fernández.

Ernesto Guevara era quien dirigía todos los procesos en La Cabaña y las decisiones las hacía efectivas en la mayor brevedad posible. Mi hermano fue juzgado a las doce de la noche y a la una y veinte de la mañana lo asesinaron, junto a otras tres personas, uno de ellos fue Elpidio Medero, que también era policía de la perseguidora. El viejo Serrano se salvó porque estaba viejo y en un gesto de clemencia, es para reírse, lo condenaron a 30 años de cárcel; tiempo después murió en la prisión. También fue fusilado otro muchacho de nombre Rodolfo y a quien apodaban "Rubio", que tampoco estaba presente cuando los hechos.

El "Che" Guevara, como sanguinario y asesino que es, mejor dicho que fue, porque gracias a Dios está ya en buen recaudo, no tuvo compasión con nadie en La Cabaña. Allí no se perdonó a nadie, fueron juicios amañados, injustos, sin que las personas se pudiesen defender, tal y como le pasó a mi hermano".

Margot Menéndez. Hermana de Rafael García Muñiz. Fusilado por orden de Ernesto "Che" Guevara.

"Soy hermano de Rafael García Muñiz, asesinado por los sicarios de Fidel Castro en el año 1959, específicamente el 18 de marzo.

Días antes que sucediera eso, fui La Cabaña con un ingeniero que trabajaba en la compañía de electricidad. Fuimos a ver al comandante Ernesto "Che" Guevara, que era quien estaba al mando de La Cabaña y era quien dirigía los procesos que terminaban con mucha frecuencia en fusilamientos.

A Guevara le dio mucho gusto ver al ingeniero porque habían estado alzados juntos en la Sierra Maestra en el periodo insurreccional, pero cuando el ingeniero empezó a hablarle y explicarle el por qué de su presencia, el tipo se puso a la ofensiva, grosero y con expresiones tan crueles que parecía otra persona, de pronto se le olvidó que estaba frente a un viejo amigo, un compañero de armas.

Recuerdo que dijo con mucha fiereza que en la Revolución no habría toallas para nadie, que nadie sería protegido. Cuando expresó esto mi amigo ingeniero le dijo que Rafael era inocente, a lo que Ernesto Guevara contestó con una expresión que nos dejó espantados "No, no, tenía el traje azul de Batista, y tiene que pagar por todo eso, porque fue cómplice de todos esos crímenes".

Después de eso no pudimos hablar más. Prácticamente nos botó de la oficina y nos fuimos del lugar con muchas más preocupaciones que con las que habíamos llegado".

Sergio García. Hermano de Rafael García Muñiz. Fusilado por orden de Ernesto "Che" Guevara.

En el Gobierno.

"Un tiempo más tarde tuvieron otro problema. El comandante Jesús Carreras tenía un ayudante de nombre Benito, no recuerdo el apellido, este sostuvo por asuntos personales una fuerte discusión con otras personas en un bar. Durante la trifulca, el tal Benito sacó una pistola que disparó varias veces provocando un escándalo tan grande que fue arrestado.

El comandante Jesús Carrera no estaba en el establecimiento donde ocurrieron los hechos, no estuvo involucrado personalmente en el incidente, sin embargo, la policía no se conformó con coger preso a su ayudante de nombre Benito, sino que por instrucciones del comandante Ernesto Guevara apresaron al también comandante Jesús Carrera, encerrándolo en una celda del cuartel Leoncio Vidal de la ciudad de Santa Clara. Allí estuvo detenido varios días generándose una situación muy injusta y difícil para Carrera y todos sus compañeros.

En compañía del comandante Lázaro Asensio y varios oficiales más fui a ver a Fidel Castro, que en aquel momento sostenía una entrevista con el presidente Osvaldo Dórticos. Sí no me equivoco el ministro de Defensa en aquella etapa era Augusto Martínez Sánchez. Cuando presenté nuestra demanda la situación se tornó tan grave que de puro milagro no concluyó a tiros, la discusión fue muy fuerte y en consecuencia las diferencias se acentuaron.

Al darme cuenta de lo complicada de la situación recurrí a Celia Sánchez , secretaria personal de Fidel Castro y persona de su extrema confianza, le expliqué lo que había sucedido y el cariz que estaban tomando las cosas, contestándome para mi sorpresa: "Ese argentino siempre está creando problemas", a la vez que me pidió más detalles sobre los hechos.

Le expliqué con lujos de detalles lo ocurrido y le manifesté que los compañeros del Segundo Frente Nacional del Escambray estaban muy exaltados porque se estaba cometiendo una gran injusticia y que la Revolución se había hecho para hacer justicia no para hacer injusticias. Me contestó, "Efectivamente. ¿Donde está él?".

Le dije que Carrera estaba arrestado en Santa Clara. Celia copió el número del teléfono que le di, y llamó al cuartel Leoncio Vidal donde estaba preso Jesús Carrera, el jefe del regimiento era el comandante Rodríguez Puerta. Recuerdo que ella le preguntó al oficial, ¿Usted tiene ahí detenido al comandante Jesús Carrera? Después de la respuesta afirmativa, Celia le dijo, más o menos estas palabras, "Bueno, entréguele un uniforme, que se bañe, que tenga la mejor comida y mañana entrégueselo por orden mía y del primer ministro a los comandantes Armando Fleites, Lázaro Asensio y al grupo de oficiales del Segundo Frente que les acompañen". Recuerdo que en la reunión participó el comandante "Papito" Serguera , quien nos dijo que estuviéramos a las 9 de la mañana en el lugar indicado.

A Carrera lo fuimos a buscar los comandantes William Morgan , Lázaro Asensio, Suárez y yo con nuestros respectivos ayudantes, y tal y como nos había dicho Serguera a las 9 de la mañana nos entregaron a nuestro compañero y amigo Jesús Carrera.

Durante el viaje de regreso a La Habana, Carrera me preguntó qué pensaba sobre lo ocurrido a lo que le contesté: "Mira, Carrera, cuando a un comandante lo detienen una vez es porque lo van a detener otra vez y a ti te han faltado el respeto y creo que tú nada más que tienes dos caminos: o la loma o la embajada, si quieres una embajada yo te puedo gestionar la de Brasil, pero no tengas dudas de que el "Che" Guevara quiere vengarse de ti".

El comandante Jesús Carrera estaba igual que nosotros, igual que Lázaro, igual que todos los oficiales del Segundo Frente Nacional del Escambray, muy descontentos, la gran parte de los comandantes del Segundo Frente estábamos en contra del gobierno, pero no estábamos involucrados en la conspiración de William Morgan, no porque no pensáramos ni sintiéramos lo mismo, sino porque nosotros sabíamos que esa conspiración estaba infiltrada, teníamos datos de eso y se lo advertimos al comandante Morgan que era un hombre muy valiente.

Morgan era un verdadero anticomunista y en verdad quería a nuestra Patria, pero no tenía los conocimientos conspirativos requeridos en ese caso y las circunstancias lógicamente le fueron adversas. Puedo decirte que él, (refiriéndose a Jesús Carrera) no estaba directamente involucrado en la conspiración y sin embargo, por orden del Che Guevara y con el respaldo de Fidel Castro, fue arrestado y fusilado.

La realidad es que el comandante Jesús Carrera fue ejecutado por el odio que Guevara sentía hacia él. El "Che" siempre le persiguió y ordenó su asesinato por venganza. Tenían conflictos de personalidad y el resentimiento de Guevara venía desde el encuentro que ambos sostuvieron en la Sierra del Escambray.

El Che nunca quiso dilucidar sus diferencias con Carreras como dilucidan los hombres los problemas. Nunca quiso combatir con Carreras, enfrentarlo en un duelo, sino que lo acechó, esperó la oportunidad y por la espalda lo mató. El Che tenía el poder y eso le costó la vida al comandante Jesús Carrera, a pesar que ellos sabían que no estaba involucrado en la conspiración del también comandante William Morgan.

En una ocasión, en el despacho de quien a la sazón era Primer Ministro, José Miró Cardona, sostuve una discusión con Guevara quien me dijo: "Comandante, hay que seguir comiendo malanga" y cuando le pregunté contra quien había que pelear, que si era algún dictador latinoamericano, me respondió como lo que era, un provocador de oficio: "No, esas son cosas pequeñas, la pelea nuestra, la que vamos a tener es contra el imperialismo norteamericano. Tal vez la pelea sea con los mismo marines yanquis".
Dr. Armando Fleites. Comandante del Ejército Rebelde.

"Después del triunfo de la insurrección fui con mi familia para La Habana, un día acompañé a La Cabaña a mi tío, el comandante del Segundo Frente Nacional del Escambray Aurelio Nazario Sargen para pedirle a Guevara que liberara al doctor Joaquín Martínez Sáenz, que había sido ministro de Hacienda del gobierno de Batista, un hombre que había trabajado con todos los gobiernos, había sido varias veces ministro, un hombre serio que no se metía en nada.

Cuando llegamos a La Fortaleza, Guevara nos recibió sentado, casi tirado en el suelo, fumando de una cachimba. Recuerdo que Nazario le pidió que soltara a Martínez Sáenz a lo que el "Che" contestó: "Nazario, ¿te estás volviendo contra-revolucionario, ya estás defendiendo a los esbirros estos? Mi tío Nazario le dijo con mucha firmeza y mirándole a la cara: "No, comandante, cuando usted estaba en su país yo estaba conspirando contra Fulgencio Batista, yo lo que le estoy pidiendo es un favor porque este hombre no ha hecho nada, este hombre no es un criminal de guerra".

Ahí se acabo la conversación. Nazario dijo que nos retirábamos y nos fuimos de La Cabaña, la noche anterior habían fusilado un burujón de soldados y policías del gobierno anterior y mi tío nos había dicho: "esto no funciona ya, estas matanzas aquí no pueden seguir".

Jesús Carreras había tenido más de una diferencia con el "Che". Jesús era piloto y fuimos un día a Ciudad Libertad, ese fue el nombre que le pusieron al campamento militar de Columbia, el más importante de la Cuba de aquella época.

Ese día Jesús voló una avioneta, una piper grande y yo me quedé esperándolo en tierra, después de aterrizar y ya saliendo de la avioneta, avisaron por la radio que quitasen de la pista la nave en que había llegado Carrera porque el comandante Ernesto Guevara iba a salir a volar. Cuando Jesús escuchó eso atravesó la avioneta en el medio de la pista en vez de guardarla en el hangar, le quito la llave y la botó.

En otra ocasión, también en Ciudad Libertad, durante una reunión en la que participaban unos 18 o 20 comandantes y se encontraba Raúl Castro, Fidel no participó, el argentino se paró y dijo que había un grupo de oficiales del Ejército Rebelde, entre ellos varios comandantes, que se dedicaban en La Habana a emborracharse en cualquier esquina. Después de esto Jesús se paró de inmediato y le dijo: "Oye, argentino, ¿ese problema es conmigo? Si el problema tuyo es conmigo sabes que esa la tenemos tú y yo hace rato ya, cuando tú quieras, cuando salgas para la parte de afuera lo tenemos". Raúl no dijo nada, fue Ramiro Valdés el que se metió por el medio para decir: "Jesús, siéntate y Ernesto, tranquilo, que estamos discutiendo otras cosas que no son esas". Esas fueron cosas que el "Che" Guevara nunca le perdonó a Jesús Carrera.

Todo fue una venganza del "Che". El fusilamiento de Jesús Carrera es consecuencia de los problemas que tuvieron ambos, primero en el Escambray y después en el Estado Mayor del Ejército y en Ciudad Libertad. Fue una venganza porque nunca perdonó a Carrera. No tengo dudas que tenía a Carrera en la mirilla y sé que el comandante Aurelio Nazario le dijo a Jesús: "Jesús cuídate del "Che, él te va a pasar la cuenta en cualquier momento" y se la pasó, no estuvo tranquilo hasta que lo fusiló. Esa fue una venganza personal del "Che" que se quería sacar de arriba a Carrera y se lo sacó de arriba".

Elías Nazario Sargent. Capitán del Ejército rebelde

"Creo que fue en noviembre de 1959 cuando Ernesto Guevara entró en la presidencia del Banco Nacional, porque si no me equivoco fue ese mismo mes que me mandó a buscar a su despacho para sostener una entrevista. Esa fue una de las primeras cosas que hizo, ya que como éramos los arquitectos del edificio tenía sentido que lo hiciera. Me sorprendí al encontrar el edificio sucio y descuidado en solo una semana que el personaje llevaba el control de la sede del Banco.

El día de la entrevista me puse de cuello y corbata. Nunca, nunca, uso cuello y corbata y tampoco saco y ese día me lo puse todo, al extremo de que mi socio me preguntó "Y tú de qué estás disfrazado, no te conocí por la forma en que estas vestido".

Cuando entré a su despacho, el que yo había visitado tantas veces cuando Felipe Pazos presidió el organismo, me encuentro a ese señor con los pies arriba de la mesa, una bota se la había quitado, las medias estaban rotas y me acuerdo todavía como si fuera hoy como movía los dedos de los pies, aquello me pareció increíble, increíble que el presidente del Banco de la República de Cuba fuera un personaje que se conducía de esa forma.

Su primera frase fue "¿Usted es burgués, no?", no sé porqué la cogió conmigo. Le contesté: "No, comandante, yo no soy burgués". "Ah, ahora usted es revolucionario". "No, no, yo no soy revolucionario, burgués era mi bodeguero, yo soy gran burgués, nací con una cuchara de plata en la boca y me he pasado la mitad de mi vida trabajando para ayudar a los que nacieron sin ella, por lo tanto tengo la moral para poder hablar".

La respuesta fue: "Si todos los cubanos fueran tan honestos como usted estaríamos en un nivel distinto. Le digo: "No, todos son tan honestos como yo, el único problema que no le tengo miedo ni a usted ni a nadie desgraciadamente, tal vez sea la edad, yo no sé".

Aquello no le gustó y me dijo: "Las revoluciones persiguen la justicia final". Yo le digo: "Si, pero a Cuba no ha llegado la justicia final ni a ningún país ha llegado jamás la justicia final a través de las revoluciones, lo que llegan son los ajusticiamientos".

Eso fue un enfrentamiento estúpido que tal vez me hubiera podido costar la vida, que creó una situación extraña que es lo que ocurre, me imagino, cuando uno está preso y depende mucho de otras personas.

Cuando abordamos el tema de la construcción del edificio me pidió que le diera la relación de los materiales que hacían falta para hacer la torre del Banco y cuando vio que había que poner como 20 ascensores me preguntó en qué sitio estaba su oficina y cuando le respondí que en el piso 29, me dijo: Si yo puedo caminar que soy asmático que camine todo el mundo, aquí no se van a poner ascensores".

Fuimos viendo todo lo relacionado con el edificio y cuando llegamos a los cristales a prueba de vientos de hasta 200 kilómetros por hora. Me dijo: "mira arquitecto para la basura…", pero dicho con una palabra muy grosera y agregó "lo que vamos a guardar aquí dentro de uno o dos años que se lo lleve el viento".

Fueron varias mis visitas y en cada una apreciaba mejor lo que le deparaba el futuro a Cuba. Las visitas de trabajo que hacía eran una especie de termómetro que marcaba el desastre de lo que venía para el país.

Los enfrentamientos entre los dos eran cada vez más intensos. Como nunca me quedé callado las cosas se ponían verdaderamente feas.

En un momento de una conversación me preguntó: "Usted está conspirando" y de inmediato le contesté que no. En realidad un grupo de amigos y compañeros nos reuníamos en el muro del malecón para pintarlo y por supuesto que conversamos y analizábamos la situación, discutíamos lo que estaba ocurriendo en Cuba y estudiábamos qué se podía hacer para cambiar las cosas. Me acuerdo de aquella época de Manolo Ray , que después fundó un movimiento contrario al gobierno.

Por lo que me dijo Guevara me di cuenta que con nosotros se reunían personas que le informaban; en una palabra, estábamos infiltrados. Después de mi negativa Guevara me dijo: "Mire, vamos a hacer una cosa, usted tiene tres alternativas…" y prácticamente me metió los dedos en los ojos. "…Una alternativa es que usted se va de Cuba, la segunda alternativa son 30 años…", fíjate con la facilidad con que este hombre disponía de la vida de la gente. "…Y la tercera alternativa, como que usted es gran burgués, es el paredón de fusilamiento". Después de esto intenté decir algo y me interrumpió diciendo… "Escoja la que le dé la gana y no vamos a volver a hablar más de esto".

Lo que a mí me sorprendió fue la frialdad absoluta con la que este señor ajusticiaba a muerte una persona sin tomar en cuenta nada, por no pensar como él pensaba. Es muy triste que un ser humano, vamos a llamarle ser humano a Ernesto Guevara, actúe de esa manera cuando al final de cuentas ha terminado siendo el Mickey Mouse de la extrema izquierda, todo el que es de extrema izquierda usa un pullover con la imagen de "Che" Guevara y los hijos de los capitalistas usan un pullover con Mickey Mouse, por lo tanto están al mismo nivel, en mi manera de pensar sus logros están al mismo nivel que los del ratón Miguelito. Desgraciadamente, Cuba ha tenido que soportar una situación de este tipo".
Nicolás Quintana. Arquitecto.

"Ernesto Guevara me asignó la misión de viajar a Moa y elaborar un reporte sobre la situación del Puerto, pero también me ordenó que debía preparar las instalaciones portuarias para recibir buques petroleros y cualquier tipo de navío que tuviera que entrar al Puerto.

En La Habana participé en numerosas reuniones en las que

estaban presentes ingenieros de diferentes calificaciones. Guevara preguntaba insistentemente en las reuniones sobre todo lo que tenía que ver con la Planta, los camiones, las grúas, remolcadores, etc., era una lista interminable. En uno de sus encuentros en la capital tuve la oportunidad de apreciar un rasgo de su personalidad que no había captado antes. Durante el mitin le dije que la planta de hacer bloques para construir casas la estaban desmantelando y según instrucciones se la iban a llevar para Santiago de Cuba, a lo que Guevara me contestó que por qué me preocupaba, si yo, y los demás presentes en la reunión, vivíamos en mansiones.

Yo no había expuesto lo de la Planta de Bloques porque me afectara personalmente sino porque el barrio obrero que estaba en construcción se vería seriamente afectado, cosa que le había explicado antes de su respuesta por lo que me impactó mucho lo que dijo.

Con un desprecio increíble dijo que obrero era cualquiera, después de dicho eso se agarró la barba y agregó: "Bueno, nosotros vamos, le hablamos y ellos esperan, no como ustedes qué porque tienen los títulos hay que hacer todas estas reuniones, si esto fuera comunismo las personas iban con el sentido patriótico donde se le envíara".

Guevara era un tipo arrogante, se veía que despreciaba a las demás personas y que no soportaba que le fueran a la contraria. Se apreciaba que muchos de los ingenieros jóvenes que se habían incorporados estaba intimidados por su conductas y sus amenazas. No cesaba en su intento de disminuirlos como seres humanos, les decía en las reuniones que ellos como ingenieros disfrutaban de todos los privilegios, pero que no cometieran un sabotaje porque la revolución no tenía a menos fusilar al mejor de los comandantes así que no era nada fusilar al mejor de los ingenieros.

Guevara controlaba a las personas a bases del terror, de la intimidación. La impresión que teníamos todos los que trabajábamos con él, era que en el primer error que cometiésemos, la primera falla, iba a ser contemplada como un acto políticamente hostil a la Revolución y por lo tanto actuarían los cuerpos de seguridad del estado.

El resultado de vivir constantemente bajo una amenaza determinó que fuéramos muy cautelosos y evitáramos correr riesgos. Por ejemplo, en mi condición de práctico de puerto, suspendí la entrada de barcos en la noche, no fondeaban de noche, solo de día. El temor a un error en la navegación que resultase con un perjuicio en el barco o en las instalaciones me podía llevar al paredón, así que tome esa decisión que por supuesto afectaba la economía y la rentabilidad de la empresa, estaba consciente de que era muy arriesgado, así que los barcos se tenían que quedar esperando mar afuera, lo que costaba más dinero al incrementarse los costos por las demoras.

Hay un señor del que solo recuerdo el nombre, Alberto, este hombre era revolucionario en la época en la que Guevara era el jefe todopoderoso de La Cabaña. A Alberto le correspondió organizar unas de las muchas concentraciones multitudinarias y para hacerlo necesitaba un permiso del "Che", el asunto es que el individuo estaba en la reunión en la que se estaba discutiendo entre otras cosas como requisar los medios de transportes que se necesitaban para un acto político y cuenta que en ese momento se apareció uno de los ayudantes del Che al que el comandante había instruido que pasara sin problemas, porque estaba reunido con un grupo de revolucionarios. Refiere que el tipo traía un montón de papeles que Guevara firmó sin apenas echarle un vistazo, aunque los documentos eran las condenas a muerte de un número de presos que iban a ser ejecutados al día siguiente. El asunto era sembrar el terror, que la gente se sintiera insegura".

José "Pepín" Pujol. Práctico de Puerto. Trabajó con Ernesto Guevara de la Serna.

"Para mí el Che participaba activamente en la degradación

de los procesados. Es denigrante, abusivo, parar a un hombre a que espere una sentencia cuando ya ha sido condenado. En ocasiones permitía que la gente implorara perdón, que elaborasen pretextos y excusas de cualquier tipo para evitar la condena y en el caso de una condena a muerte buscaran la salvación con cualquier argumento. No entiendo que se prestara a eso, que escuchara fríamente a un hombre que estaba condenado sin apelación y que él sabía mejor que cualquier otra persona que no tenía salvación, eso lo considero criminal y por eso lo critico.

Nosotros, los campesinos analfabetos que estábamos en cero en todo lo que fuera el combate, le dimos un titulo al Che. Yo era un buen ametralladorita, aprendí a serlo porque cuando entre al Ejército Rebelde no sabía andar ni con un cuchillo, era capitán en el momento que triunfó la Revolución, en esa época tenía muy pocos conocimientos, en verdad no estaba capacitado ni para mandarme a mismo, tengo presente que eran tiempos en que no sabía mandar ni una escuadra".

Dariel Benigno Alarcón. Oficial del Ejército Rebelde. Sobreviviente de la guerrilla de Bolivia.

"Mira, en el gobierno americano se utilizó y se utilizan los malos ejemplos de la guerrilla de Ernesto Guevara como lo que un guerrillero, lo que una fuerza insurgente, no debe hacer. Te aseguró que se puede hacer un manual con esos errores porque representan la antítesis de una guerrilla con éxitos. El tipo, Guevara, fue un desastre completo como guerrillero, la misma selección del área de operaciones fue parte del problema".

Félix Rodríguez. Expedicionario de la Brigada 2506. Agente de la CIA.

Capítulo 3

Comentarios suyos y sobre su temperamento tomado de libros y publicaciones.

Alberto Benegas Lynch en su libro "Mi primo el Che" escribe: "En una oportunidad, una de mis tías me contó que de muy chico el Che se deleitaba con provocar sufrimientos a animales y, de más grande, insistía en que la muerte (de otros) no era tan mala después de todo.

Carlos Figueroa, amigo de Guevara en tiempos juveniles en Alta Gracia, dice de Guevara: "Yo le puse El Gallo Rápido porque estaba comiendo en el comedor; y de momento al entrar la mucama (sirvienta) la obligaba a subirse sobre la mesa para hacerle el sexo desesperadamente. Después se deshacía de la infeliz, y continuaba comiendo como si nada hubiera ocurrido…".

El delirio de Guevara es también extremo, sus fantasías revolucionarias lo llevan a decir a un compañero que le dijo haber tenido vértigos al subir una pirámide en Egipto: "Son los niños los que tienen vértigos, un revolucionario jamás tiene vértigos", según cuenta Regis Debray en "Alabado sean nuestros señores".

Guevara reconoció en una carta. "No tuve preocupaciones sociales en mi adolescencia, ni participé en las luchas políticas o estudiantiles de Argentina".

María del Carmen Ferreyra "Chichina", quien fuera novia de Guevara, relata que este tenía una postura crítica con respecto a los militantes de izquierda, a los que acusaba de "sectarios y faltos de flexibilidad".

En "Notas de Viaje", diario de viaje a través de América Latina en 1952, relata que al arribar a Chile, él y Granado se hicieron pasar por médicos especialistas en leprología, consiguiendo una entrevista con un diario local donde los reconocieron como profesionales de ese ramo, lo que les facilitó techo y comida gratis.

"Los negros, esos magníficos ejemplares de la raza africana que han mantenido su pureza racial gracias al poco apego que le tienen al baño, han visto invadidos sus reales por un nuevo ejemplar de esclavo: el portugués. El desprecio y la pobreza los une en la lucha cotidiana, pero el diferente modo de encarar la vida los separa completamente; el negro indolente y soñador, se gasta sus pesitos en cualquier frivolidad o en 'pegar unos palos' (emborracharse), el europeo tiene una tradición de trabajo y de ahorro que lo persigue hasta este rincón de América y lo impulsa a progresar, aun independientemente de sus propias aspiraciones individuales".

En "Notas de Viaje" hizo la siguiente observación que llamó "Notas en el Margen": "…y sé, porque lo veo impreso en la noche, que yo, el ecléctico disector de doctrinas y psicoanalista de dogmas, aullando como poseído, asaltaré las barricadas o trincheras, teñiré en sangre mi arma y, loco de furia, degollaré a cuanto vencido caiga entre mis manos…Ya siento mis narices dilatadas, saboreando el acre olor de pólvora y de sangre, de muerte enemiga; ya crispo mi cuerpo, listo a la pelea, y preparo mi ser como a un sagrado recinto para que él resucite con vibraciones nuevas y nuevas esperanzas el aullido bestial del proletariado triunfante".

Escribe Guevara "Cuando portando todo nuestro equipaje íbamos a subir a segunda, nos atajó un empleado de investigaciones que tras algunos cabildeos nos propuso subir a primera y llegar gratis al Cuzco con las medallas de dos de ellos, lo que, por supuesto, aceptamos. Así viajamos cómodamente dándoles a los tipos el importe del pasaje de segunda.

Después de llegar a Costa Rica, escribió: "Yo me quedé afuera con una negrita que me había levantado, Socorro, más puta que las gallinas, con 16 años a cuesta".

Ernesto Guevara la mayor parte de su vida no tuvo empleo estable, y dependió de su madre, su hermana Celia y su tía Beatriz, que solían enviarle dinero, y de otras mujeres en su vida, para que lo ayudaran a obtener empleo y también en el pago de sus deudas.

Jon Lee Anderson, uno de los biógrafo de Guevara, relata lo siguiente: "Para ayudarle en su búsqueda de obtener un puesto de médico, la bien conectada Hilda Gadea le presentó a algunos de sus contactos gubernamentales de alto nivel..... La contendiente principal por las atenciones de Ernesto durante febrero y marzo de 1954 fue una enfermera llamada Julia Mejía. Ella había preparado una casa en el lago Amatitlan en donde Ernesto podría ir a pasar el fin de semana. Al poco tiempo, comenzaron a tener una relación casual..... En marzo, la situación de Ernesto cambió muy poco. Hilda pagó parte de su cuenta de la pensión, Julia Mejía le consiguió una entrevista de trabajo en la selva oriental de Petén..... Con algunas joyas que Hilda le dio con dicho fin, él pagó parte de su cuenta de la pensión..... En seguida, encontró trabajo de noche descargando toneles de alquitrán en una cuadrilla de construcción de carreteras. Trabajó una segunda noche solamente.... Fue la primera tarea sostenida de trabajo físico que jamás hiciera".

En Guatemala seguía recibiendo la ayuda económica de sus familiares, un amigo le trajo en uno de los aviones que venían a recoger a los exilados argentinos, 150 dólares enviados por la familia, también, escribió, "dos trajes, 4 kilos de yerba y un montaña de pequeñas cosas estúpidas".

Antes de partir de Guatemala para México va con Hilda Gadea a San Juan Sacatepéquez en un viaje de despedida, y describe lo siguiente en su diario: "Hoy, lo dediqué a despedirme de Guatemala con un paseíto a San Juan Sacatepéquez con profusión de franelas (caricias) y algún polvito superficial". Guevara siempre necesitó de Gadea para resolver muchos de sus problemas económicos pero como escribió en su diario, también para satisfacer la 'urgente necesidad de una mujer que coja'".

En carta a Tita Infante, en octubre de 1956, le comenta: "Por supuesto, todos los trabajos científicos se fueron al cuerno y ahora soy sólo un asiduo lector de Carlitos y Federiquito (en referencia a Karl Marx y Frederick Engel). Por otro lado, te diré que tengo una cantidad de chiquilines de sexto año encandilados con mis aventuras e interesados en aprender algo sobre las doctrinas de San Carlos (eufemismo por Karl Marx)…. El tiempo libre lo dedico al estudio en forma informal de San Carlos".

Enrique Ros, después de amplias investigaciones sobre el cuestionable título de médico de Guevara, escribió en el libro que publicó sobre el guerrillero argentino cubano: "En diciembre, en menos de 22 días lectivos, aprueba once materias. Quince, casi la mitad de los cursos necesarios para adquirir el doctorado, examinados y aprobados en apenas tres meses, sin haber asistido a clases ni a prácticas en todo el año con la probable excepción de las últimas semanas….Ernesto Guevara de la Serna tendría que haber asistido ¡25 horas diarias! en cada uno de los 66 días lectivos de octubre, noviembre y diciembre de 1952 para haber cumplido con los requisitos académicos del plan de estudios de 1937 vigente en 1948 cuando se matriculó en la Escuela de Medicina de la Universidad de Buenos Aires…. Ante estas nuevas contradicciones solicité copia del expediente académico de Ernesto Guevara… Se me comunicó que la Facultad de Medicina no podía ofrecerme copia porque el expediente académico de Ernesto Guevara de la Serna había sido robado". Siendo el Che un fotógrafo aficionado es inconcebible que no existan fotos de la graduación, ni testimonios de médicos graduados con él o alguna otra prueba de su graduación. Luce que su graduación de médico es un mito más sobre su persona.

Refiere Carlos Franqui que durante una visita junto con Néstor Almendros a la cárcel mexicana de Miguel Schultz, donde estaba encarcelado Fidel Castro con varios de sus compañeros vio a Guevara, no le conocía. "En la cama, al lado de Fidel, estaba recostado un joven fuerte de piel trigueña de complexión atlética, que era el único descamisado del grupo y tenía el típico acento argentino, al que los otros compañeros llamaban el Che. Mientras Almendro tiraba las fotos, vi que hojeaba un grueso libro. Le pregunté qué leía y me respondió, Los Fundamentos del Leninismo de Iosiv Stalin, a lo que le repliqué sino había leído el informe de Nikita Jruschov, en el reciente congreso del Partido Comunista Soviético, denunciado los crímenes de Stalin. Me contestó que si yo también creía en las calumnias imperialistas. ¿Así que todo el Comité central del Partido Comunista Soviético, comprendido Jruschov, son agentes del imperialismo? repliqué. La discusión se violentó y entonces intervino Fidel Castro diciendo, "Toda revolución necesita un jefe y es mejor incluso un jefe malo que muchos jefes buenos, que con sus divisiones la pierden".

Escribe Guevara: "Finalmente se prepararon para el ataque, y dejaron a "Chicho" Osorio al cuidado de dos hombres con encargo de matarlo apenas iniciado el tiroteo, cosa que cumplieron estrictamente', según escribió fríamente. La ejecución se llevó a cabo en la madrugada del 17 de enero de 1957 cuando comenzó el tiroteo.

En abril, el delator Filiberto Mora fue engañado y apresado por los rebeldes, sobre esto escribió Guevara en su diario: "El hombre, Filiberto, había sido engañado, pero al minuto que vio a Fidel se dio cuenta de lo que estaba pasando y empezó a pedir disculpas... Se ajustició al chivato; a los diez minutos de darle el tiro en la cabeza lo declaré muerto"

A fines de mayo dos soldados en ropa de civiles, que estaban espiando alrededor del aserradero del Uvero, fueron hechos prisioneros. Se determinó fusilarlos antes del ataque a la guarnición del ejército en el Uvero. El Che escribió en su diario: "Se cavó la fosa para los dos guardias chivatos y se dio la orden de marcha. La retaguardia los ajustició".

En septiembre, Enrique Acevedo, un joven de quince años

que se había incorporado a la columna del Che, escribió en su diario: "Al amanecer traen a un hombre fornido vestido de verde, pelado a lo militar, con grandes bigotes: es Cuervo, quien campea por sus respetos en la zona de San Pablo de Yao y Vega de Yúa, ha cometido tropelías bajo las banderas del 26 de Julio… El Che lo recibe en una hamaca. El prisionero intenta darle la mano, pero no encuentra respuesta, lo que se habla no llega hasta nosotros, pese a que se discute fuerte, parece un juicio sumario, al final lo manda a retirarse con un gesto de desprecio de su mano, lo llevan a una cañada y lo ejecutan.

Después de esa ejecución el Che se trasladó hacia un área cerca del monte Caracas, para una operación de limpieza de la banda armada capitaneada por el Chino Chang que operaban en dicha zona. Luego de apresar a Chang, comenzaron los juicios. Chang acusado de robar y un campesino acusado de violador, fueron fusilados. Guevara escribió acerca de la ejecución: "Primero fueron ajusticiados el campesino violador y el Chino Chang, ambos serenos, fueron atados en los palos del monte..".

A los pocos días, Dionisio Oliva, acusado de robar ganado y provisiones destinadas para los rebeldes, fue capturado junto con otros sujetos entre los cuales se encontraba Echevarría, hermano de uno de sus compañeros del Granma. Oliva fue ejecutado y el Che ordenó también la ejecución de Echevarría por crímenes no especificados, posteriormente anotó en su diario: "Tenía que pagar el precio."

A finales de febrero de 1957, "El maestro", hombre de gran fuerza, fue escogido para acompañar al Che, que estaba sufriendo un ataque de asma, hasta que el guajiro que fue a comprar la medicina para el asma regresara con la misma. El diez de marzo Guevara, en compañía del maestro, llegó a la finca de Díaz que era adonde se dirigían. "El maestro" también fue fusilado, cuenta Carlos Franqui, quien escribe " A este guajiro lo fusilan por aparentar haber sido asaltante del Moncada y tripulante del Granma y hacerse pasar por el Che en la zona rebelde, con el fin de seducir muchachas: "¿Quieren cosa más grande?" –dice Fidel–. Fue directo, no se le hizo juicio. Lo fusilamos".

En el mes de octubre el Che ejecutó a Aristidio, un campesino que durante su ausencia vendió el revolver que le había dado y había expresado su deseo de abandonar la lucha cuando los rebeldes se trasladaran a otro lugar, su duda sobre la ejecución de Aristidio quedó reflejada en su diario con este comentario: "si realmente era lo suficientemente culpable como para merecer la muerte."

El 27 de junio de 1958 el Che escribió de nuevo en su diario: "En la noche se llevaron a cabo tres fugas y una de ellas doble; Rosabal, condenado a muerte por chivato, Pedro Guerra, de la escuadra de Sorí, y dos militares presos. Pedro Guerra fue recapturado; se había robado un revólver para la fuga. Fue ajusticiado inmediatamente".

Ernesto Guevara fue designado por Fidel Castro jefe militar de la fortaleza de La Cabaña, en cuanto llegó a la capital. También ocupó el cargo de jefe de la Comisión Depuradora que tenía como objetivo juzgar a todos los que habían servido al régimen de Fulgencio Batista y en caso de que fuera conveniente expulsarlo de las fuerzas armadas o del servicio público, aunque el objetivo fundamental no expreso era la intimidación y la generación de un sentimiento de indefensión en todos los que no apoyaran al régimen triunfante con el fin de implantar el terror revolucionario.

Luis Ortega, en su libro ¡Yo soy el Che! refiere que el Che le dijo al capitán Duque Estrada: "Hay que trabajar de noche, el hombre ofrece menos resistencia de noche que de día. En la calma nocturna la resistencia moral se debilita. Haz los interrogatorios de noche. No hace falta hacer muchas averiguaciones para fusilar a uno. Lo que hay que saber es sí es necesario fusilarlo. Nada más. Debe dársele siempre al reo la posibilidad de hacer sus descargos antes de fusilarlo. Y esto quiere decir, entiéndeme bien, que debe siempre fusilarse al reo, sin importar cuáles hayan sido sus descargos. No hay que equivocarse en esto. Nuestra misión no consiste en dar garantías procesales a nadie, sino en hacer la revolución, y debemos empezar por las garantías procesales mismas".

Jorge Castañeda, en su biografía sobre Guevara, menciona que el fallecido padre Iñaki de Aspiazu, un vasco católico simpatizante de la revolución, le habló de 700 víctimas.

En su libro "Che Guevara: una Biografía," Daniel James escribe que el Che admitió haber ordenado "varios miles" de ejecuciones durante los primeros años del régimen castrista.

José Pardo Llada, en el libro " Fidel y el Che", escribe lo que le dijo el Che en1959: "Hay que acabar con todos los periódicos, pues no se puede hacer una revolución con libertad de prensa. Los periódicos son instrumentos de la oligarquía".

Una carta que dirigió a su madre y que fue publicada en "Mi Hijo el Che", escrito por su padre, dice: "Soy el mismo solitario que era, buscando mi camino sin ayuda personal, pero tengo el sentido del deber histórico. No tengo casa, ni mujer, ni hijos, ni padres, ni hermanos, mis amigos son mis amigos mientras piensen políticamente como yo".

En una disertación por la TV cubana el 26 de junio 1961, siendo ministro de Industrias, declaró: "Los trabajadores cubanos tienen que irse acostumbrando a vivir en un régimen de colectivismo y de ninguna manera pueden ir a la huelga."

En otra carta a su madre hablando sobre su primer matrimonio en agosto de 1955: "Voy a tener un hijo y me casaré con Hilda en estos días. La cosa tuvo momentos dramáticos para ella y pesados para mí, al final se sale con la suya: según yo por poco tiempo, según ella para toda la vida".

Refiere Carlos Franqui, "Toda correspondencia y relato de sus acciones las enviaba directamente el Che en cartas a Fidel. Posteriormente Guevara escribiría el libro de crónicas Pasajes de la guerra revolucionaria. El Che siempre llevaba un diario de principio a fin, en donde anotaba todo, incluidos todos los periodos que van no solo de la guerra sino del 59 al 65, de sus años importantes en Cuba y también en África. Era una paradoja que este hombre tan dogmático contase los acontecimientos con tal crudeza, en total contradicción son sus textos políticos, y que siempre escapara de la realidad que ignoraba y superaba mediante el dogma".

Dice Carlos Franqui: "Las ambiciones de Guevara eran el poder y la fama. Su naturaleza lo conducía a la guerra, es frase suya, el olor a pólvora, que embellecía y justificaba con el socialismo y la Revolución. Guevara es un personaje entre el miedo y el valor, conflicto que resolvía con su voluntad de hierro y que lo conducía a acciones peligrosas y, a veces, suicidas. Guevara primero se creía la Revolución. Si pensabas distinto que él, eras un pequeño burgués. Después se creyó el socialismo y si hacías criticas a la Unión Soviética, a los países del Este, eras un anticomunista y un mentiroso. El siempre tenía la razón y era la verdad. Si la experiencia, como el caso soviético, probaba su equivocación, recurría a un nuevo dogma, en este caso el dogma chino. Su arrogancia y desprecio por los otros, a los que consideraba inferiores, era proverbial y los trataba a patadas. Durante un acto, al llegar Amejeiras fumando, Guevara lo insultó diciéndole que si estaba chupando un pitillo de marihuana, a lo que Almejeiras respondió: "Si, este cigarrillo me lo dió tu madre allá abajo, y no le quedó más remedio que callarse".

"Algo me dijo el Che aquella noche que me desorientó bastante, pero que tal vez explica en parte su destino. Su mirada iba de mis ojos a la ventana oscura del recinto bancario. Hablábamos de una posible invasión norteamericana a Cuba. Yo había visto por las calles de La Habana sacos de arena diseminados en puntos estratégicos. El dijo súbitamente (La guerra…La guerra…Siempre estamos contra la guerra, pero cuando la hemos hecho no podemos vivir sin la guerra. En todo instante queremos volver a ella). ¿Clave para una muerte anunciada?

Escribe Franqui en "Cuba, la revolución, Mito o Realidad":

La relación de Guevara con el pueblo cubano era distante, más de admiración que de simpatía, aun en los primeros tiempos, su distancia venia de su suficiencia, arrogancia y su dogmatismo, de sus desaciertos económicos y de su rígida y centralizada planificación... Guevara creó en Cuba los primeros campos de castigo para los revolucionarios que cometieran errores, equivocaciones o faltas, y los situó nada menos que en los pedregales de Guanahacabibes, el sitio más aislado de Pinar del Rio. También creo el trabajo voluntario siguiendo las prácticas soviéticas.

En junio de 1959 Guevara fue enviado en una misión diplomática con el objeto de establecer nuevas relaciones comerciales, realizar ventas de azúcar y obtener armas en Yugoeslavia, pero no tuvo éxito en ninguna de esas gestiones. En el marco de la gira visitó Egipto y se entrevistó en El Cairo con el gobernante de ese país Gamal Abdel Naser, quien relató en sus memorias que Guevara le preguntó cuántas personas habían emigrado de su país a raíz de la reforma agraria. La respuesta de Nasser fue que nadie había abandonado el país a lo que el Che comentó: "la manera de medir la profundidad del cambio es medir el número de personas que sentían que no había lugar para ellos en la nueva sociedad".

Guevara, en conversación con el presidente de Egipto, Gamal Abdel Nasser: "Después de la revolución, no son ya los revolucionarios quienes hacen el trabajo sino los tecnócratas, los burócratas. Y ellos son contrarrevolucionarios".

El coronel Ramón Barquín refiere en su libro "Mis diálogos", que a instancias de Fidel Castro sostuvo el 11 de enero de 1959 un encuentro con Guevara, quien a la sazón vivía en dos casas en la playa, una en Tarará y otra en el pueblo de Cojímar. Cuenta que se entrevistó con el sujeto para interceder por el comandante Benjamín Camino García, un oficial del ejército acusado de ser agente de la CIA y que había combatido al régimen de Batista. Dice que Guevara, aparte de ser jefe de la Fortaleza de La Cabaña, estaba inmerso en dos proyectos, uno la reorganización agraria de Cuba y el otro el del sector económico. Recuerda que trataron varios temas políticos y que apreció que su interlocutor estaba más interesado en conversar sobre las revoluciones socialistas de China y Rusia y que hasta le dijo en relación a la Guerra de Corea que había sido " el triunfo norcoreano sobre los yanquis".

Barquín apreció que Guevara se expresaba con arrogancia, razón por la cual, aunque gozaba de admiración entre los rebeldes, ningún oficial quería servir bajo sus órdenes. Cuenta que durante la charla el guerrillero mostró interés en su experiencia militar y los cursos que había pasado en el extranjero y que solo después de escucharlo un gran rato le entregó al oficial arrestado. En una segunda conversación que sostuvieron en una cafetería en el Estado Mayor, el Che le dijo entre otras cosas que infería quien había sido culpable del asesinato de León Trotsky pero que no tenia evidencias para afirmar que había sido Stalin, lo que chocó frontalmente con su justificación de los fusilamientos en La Cabaña cuando dijo: "No demoren los juicios revolucionarios contra los esbirros de la pasada dictadura. Decidan, por opinión propia si el acusado es culpable o inocente. Eliminen las pruebas legales o procesales, porque son solo recursos burgueses para ganar tiempo, corresponde al acusado probar que es inocente".

De un viaje que efectuó a Corea del Norte a fines de 1960, en el marco de un periplo por varios países socialistas, dijo: "De los países socialistas que visitamos personalmente, Corea es uno de los más extraordinarios. Quizás es el que nos impresionara más de todos ellos". Con el embajador norcoreano Jon Don Chel, mantuvo una estrecha relación, tanto que fue la última visita protocolar que hizo antes de partir a la misión en el Congo.

Enemigo acérrimo de los homosexuales.
Tuvo un rol protagónico en la creación del primer campo de trabajos forzados en la península de Guanahacabibes en el oeste

de Cuba, lugar al que eran enviados por la fuerza homosexuales, proxenetas y prostitutas y en otras aéreas aledañas a los miembros del ejército rebelde que habían sido castigados.

El campo fue inaugurado en los meses finales de 1960, allí se encerraban personas que no habían cometido actos contrarios a la ley pero que el estado revolucionario calificaba de antisociales. Guevara promovió, participó y defendió activamente la violación de los derechos de estos ciudadanos. "Nosotros solamente enviamos a Guanahacabibes aquellos casos dudosos de los que no estamos seguros que deban ser encarcelados.... Nosotros mandamos a Guanahacabibes a la gente que no debería ir a la cárcel, gente que ha cometido crímenes contra la moral revolucionaria, en mayor o menor grado", fueron sus declaraciones al respecto.

La experiencia de los campos de trabajo de Guanahacabibes, en los que la consigna era que había que rehabilitar a todas las personas que no tuvieran una conducta satisfactoria para el liderazgo de la Revolución, en particular prostitutas, homosexuales y proxenetas, fue útil para el desarrollo años más tarde de los campos de Unidades Militares de Ayuda a la Producción, UMAP.

Sus fantasías.

Al frente de la delegación cubana a la Conferencia de Punta del Este, declaró el 8 agosto de 1961:"La tasa de crecimiento que se da como una cosa bellísima para toda América es 2,5% de crecimiento neto… Nosotros hablamos de 10 % de desarrollo sin el menor temor, 10% de desarrollo es la tasa que prevé Cuba para los años venideros…. ¿Qué piensa tener Cuba en el año 1980? Pues un ingreso neto per cápita de unos tres mil dólares, más que los Estados Unidos actualmente".

En su profundo odio contra los Estados Unidos, no vaciló en apoyar la confrontación nuclear sin importarle que tal acción sellara el aniquilamiento, entre otros, del pueblo cubano y de gran parte de la humanidad.

El 11 de diciembre de 1964, durante su primera intervención en la Asamblea General de las Naciones Unidas, el Che dijo: "Como marxistas hemos sostenido que la coexistencia pacífica entre las naciones no incluye a la coexistencia entre los explotadores y el explotado".

Como representante del gobierno cubano fue severamente atacado debido a las ejecuciones por fusilamiento sin ningún tipo de proceso judicial y evidencias requeridas en un Estado de derecho. Guevara, en su segunda intervención, haciendo uso del derecho a réplica, respondió: "Nosotros tenemos que decir aquí lo que es una verdad conocida, que la hemos expresado siempre ante el mundo: Fusilamientos, sí, hemos fusilado, fusilamos y seguiremos fusilando mientras sea necesario. Nuestra lucha es una lucha a muerte".

En respuesta a una pregunta de Richard Hottelet de la CBS en el programa "Ante la Nación", New York, 14 de diciembre de 1964, el Che contestó: "El camino para la liberación de los pueblos, que será el camino del socialismo, marchará a través de las balas en casi todos los países, y puedo pronosticar con tranquilidad que usted será testigo".

Guevara, en su viaje a Argelia en 1965, cuando le preguntaron por los eventuales fracasos económicos dijo cínicamente: "Tenemos un país para experimentar; nos equivocamos pero seguiremos experimentando, hasta que aprendamos".

En marzo de 1965 Castro envía a Guevara, que había adoptado una posición pro china, al frente de una delegación al gigante asiático con el objetivo de restaurar las deterioradas relaciones con ese país. Los camaradas chinos argumentaron que la revolución estaba influenciada por los "revisionistas soviéticos", argumento que fue rechazado por la delegación cubana, ocasionando el estancamiento de las conversaciones. El Che, a pesar de sus claras simpatías hacia China, fracasó una vez más en su encomienda.

Guevara escribió en su diario sobre la experiencia guerrillera en el Congo, entre abril a diciembre de 1965: "Esta es la historia de un fracaso". La aventura que él dirigió en el Congo fue un fiasco, pero responsabilizó del fracaso a los congoleses.

El Che, jefe blanco de la expedición compuesta por dos batallones de soldados negros cubanos, alrededor de 200 efectivos, descubrió que la negrura no garantizó la mezcla de cubanos con los africanos, al extremo que el régimen cubano reconoció posteriormente como un error que todos los soldados enviados fueran negros. Los negros cubanos eran extranjeros, se consideraban superiores y trataban con desprecio a los congoleses, que se resentían de dicho trato

En el epílogo de ese libro, Guevara se pregunta: ¿Qué tuvo la revolución realmente que ofrecer a los campesinos de la fértil zona oriental del Congo? Concluyó que el número minúsculo de trabajadores industriales estaban satisfechos y no eran revolucionarios, los campesinos no sufrían hambre de tierra, las tropas no creyeron que estarían luchando contra los americanos y la raza tampoco fue un factor de suficiente motivación. Una y otra vez se refirió a la falta de liderazgo entre los africanos, la incompetencia de los combatientes congoleses y una desorganización terrible, pero en ningún momento reconoció que los objetivos de los africanos eran muy diferentes a los suyos y menos aun aceptó que se había equivocado rotundamente al intervenir en un conflicto para el que no estaban preparados.

Derrota en Bolivia

El Diario del Che en Bolivia contiene las siguientes observaciones: "La base campesina sigue sin desarrollarse; aunque parece que mediante el terror planificado, lograremos la neutralidad de los más, el apoyo vendrá después. No se ha producido una sola incorporación… la movilización campesina es inexistente, salvo en las tareas de información que molestan…el Ejército está mostrando más efectividad en su acción y la masa campesina no nos ayuda en nada y se convierten en delatores… Las masas campesinas no nos ayudan en absoluto" fue la melancólica conclusión de Guevara en su diario boliviano. El 26 de septiembre anota en su diario: "derrota", en referencia a "la nefasta emboscada de La Higuera".

En referencia a los campesinos bolivianos, anota en su diario el 19 de junio de 1967: "a los habitantes hay que cazarlos para poder hablar con ellos, pues son como animalitos".

Guevara, al momento de ser hecho prisionero, había resultado herido de bala en una pierna, con el rifle en alto gritó a sus captores: "No disparen, soy el Che, valgo más vivo que muerto". La pistola de 9 milímetros que portaba estaba completamente cargada. ¿Por qué se dejó coger prisionero y no peleó hasta la última bala? Todo parece indicar que estaba convencido de que no lo matarían, aparentemente creyó que lo juzgarían como hicieron con Régis Debray y Ciro Bustos .

Félix Ismael Rodríguez, ex agente cubano de la CIA, en conversación con el escritor cubano radicado en Francia, Jacobo Machover, le contó: "Él me dijo que ellos fusilaban en Cuba a todos los agentes extranjeros que invadían el país". Entonces le dije: "Comandante, es irónico que usted me lo diga, porque usted es extranjero y ha invadido a Bolivia".

Rodríguez, que se encontraba dando asesoramiento de inteligencia al ejército boliviano en la zona donde operaba Guevara, relata que le comunicó al cabecilla de la guerrilla que iba a ser ejecutado más o menos con estas palabras: "Comandante, lo siento, yo he tratado, pero son órdenes superiores del alto mando". Cuenta que Guevara se puso blanco como un papel. "Nunca vi a una persona perder la expresión de la cara como lo hizo él, entonces me dijo: "Es mejor así, yo nunca debí haber caído preso".

Fidel Castro utilizó a Guevara como vocero en la difusión de su plataforma antiimperialista y lo siguió utilizando durante toda su vida, ya que cínicamente organizaba campañas para glorificar su memoria con fines propagandísticos.

Dariel Alarcón (Benigno) Ramírez, que luchó a las órdenes de Ernesto Guevara en la Sierra Maestra, y lo acompañó en las aventuras guerrillera del Congo y Bolivia, siendo uno de los pocos sobrevivientes de ese último episodio, en una entrevista para la TV admitió que el Che había sido traicionado en Bolivia: "Sí, el Che y todos nosotros fuimos traicionados en Bolivia. Fidel nos envió calculada y fríamente a un lugar remoto, bien seleccionado por su falta de recursos humanos y de alimentos. Después, nos cortaron los suministros de armas, inteligencia, comida y, finalmente: las comunicaciones….Ya no tenía dudas, había comprobado en forma irrefutable la traición. Todos habíamos sido manejados como peones sin valor, en el tenebroso tablero de ajedrez de Fidel, en forma cruel e inhumana".

Evo Morales llevó a cabo una celebración oficial por el 50 aniversario de la muerte de Guevara, celebración que fue repudiada por más del 50% de los bolivianos que se oponen a elogiar una invasión de extranjeros en la que murieron 55 soldados bolivianos y varios civiles. El general Gary Prado, quien dirigió la columna militar que capturó al Che, dijo que: "El homenaje debería ser hecho a los soldados que derrotaron a ese invasor."

María del Carmen Ferreira "Chichina", quien fuera novia de Guevara en su juventud, dijo en una entrevista a La Voz del Interior: "Pobre Ernesto, no tuvo éxito en nada: ni como médico, ni como fotógrafo, ni como economista, ni como propagador de la revolución".

En una carta al editor del semanario uruguayo "Marcha", publicada en marzo de 1965 con el título de "El Socialismo y el hombre en Cuba", Guevara hace los siguientes comentarios, "Para construir el comunismo, simultáneamente con la base material hay que hacer al hombre nuevo….es la dictadura del proletariado ejerciéndose no sólo sobre la clase derrotada, sino también individualmente, sobre la clase vencedora….El hombre, en el socialismo, a pesar de su aparente estandarización, es más completo…Así logrará la total conciencia de su ser social, lo que equivale a su realización plena como criatura humana, rotas todas las cadenas de la enajenación".

ANEXOS

Fragmentos del libro 'Perfiles del Poder. Ernesto Guevara'

Parte I. *"No soy Cristo ni un filántropo, soy todo lo contrario de un Cristo".*
Che

No comprendemos cómo en un período histórico en el que la violencia se ha convertido en algo más que detestable, existan "pacifistas" que elaboren apologías de Ernesto Guevara, un individuo que independientemente a doctrinas e ideologías. Fue uno de los teóricos más consecuentes que tuvo la violencia como práctica política, en una de las etapas más convulsas de Nuestra América en el pasado siglo XX.

Su identificación con una de las personalidades más despiadadas de la historia moderna, la hace notar en una carta que dirige desde Costa Rica a su tía Beatriz el 10 de diciembre de 1953: "En El Paso tuve la oportunidad de pasar por los dominios de la United Fruit convenciéndome una vez más de lo terrible que son esos pulpos capitalistas. He jurado ante una estampa del viejo y llorado camarada Stalin, no descansar hasta ver aniquilados estos pulpos capitalistas."[27]

El individuo que algunos pretenden presentar como un ser justiciero y de profundo espíritu cristiano, le escribió a su madre, el 15 de julio de 1956 desde una prisión mejicana: "No soy Cristo ni un filántropo, soy todo lo contrario de un Cristo. Lucho por las cosas en las que creo con todas las armas de que dispongo y trato de dejar muerto al otro para que no me claven en ninguna cruz o en ninguna otra cosa".[28]

Miguel Sánchez, "El Coreano"[29], uno de los que entrenó a los expedicionarios del Granma, conoció a Ernesto Guevara en México, refiere que era una persona aislada, poco sociable y que le llamaba la atención su crueldad con los animales. Cuenta que atrapaba gatas embarazadas para hacer experimentos médicos y que cuando terminaba con los felinos los introducía en un saco que lanzaba violentamente contra el piso, no solo los gatos tenían problemas con Guevara, en la Sierra Maestra le dijo a uno de sus subalternos, "Félix, ese perro no da un aullido más, tú te encargaras de hacerlo. Ahórcalo. No puede volver a ladrar"[30].

Otro ejemplo de su carácter extremo y en cierto sentido sádico, se aprecia en una carta que dirigió a su primera esposa Hilda Gadea, que se encontraba en Lima, Perú, el 28 de enero de 1957, "Querida vieja: Aquí en la selva cubana, vivo y sediento de sangre, escribo estas ardientes líneas inspiradas en Martí. Como un soldado de verdad, al menos estoy sucio y harapiento, escribo esta carta sobre un plato de hojalata, con un arma a mi lado y algo nuevo, un cigarro en la boca"[31].

Esta sed no demoró en saciarla. Según expone Anderson en su libro "Che", varias fuentes cubanas describieron cómo asesinó a Eutimio Guerra, un supuesto delator. Refiere Anderson: "El Che se adelantó para matar a Eutimio cuando resultó evidente que nadie tomaría la iniciativa. Esto al parecer incluye a Fidel, que tras la orden de matar a Eutimio sin indicar quien debía cumplirla, se alejó para guarecerse de la lluvia"[32].

El asesinato de Eutimio Guerra fue presenciado por el comandante del Ejército Rebelde, Jaime Costa, quien refiere que Guevara gritó, "si no lo hacen ustedes, lo hago yo" disparándole de inmediato al prisionero. Afirma Costa que fue en esa ocasión cuando Guevara profirió la frase "ante la duda, mátalo".[33] Continúa Acosta diciendo que los fusilamientos sin juicio que tuvieron lugar en la ciudad de Santa Clara, los primeros días de enero de 1959, fueron decisión de Ernesto Guevara y no de Ramiro Valdés como afirman algunos investigadores.

Al crimen sumaba la crueldad. Cuenta en su libro "Pasajes

de la Guerra Revolucionaria", que habían procesado y ejecutado a dos individuos que habían cometido varios asesinatos en la Sierra pero que después simuló la ejecución de otros tres que habían tenido un menor grado de responsabilidad, la experiencia que debió haber sido extremadamente traumática para los encartados es descrita por Guevara con la frialdad de un forense y con mucho cinismo. "Luego se realizó el fusilamiento simbólico de tres de los muchachos que estaban más unidos a las tropelías del chino Chang pero a los que Fidel consideró que debía dársele una oportunidad; los tres fueron vendados y sujetos al rigor de un simulacro de fusilamiento; cuando después de los disparos al aire se encontraron los tres con que estaban vivos, uno de ellos me dio la más extraña espontánea demostración de júbilo y reconocimiento en forma de un sonoro beso, como si estuviera frente a su padre".[34]

Esta práctica se repitió numerosas veces después del triunfo de la insurrección, junto a personas que eran fusiladas se colocaban otras con las que se simulaba la ejecución con el propósito de que se convirtieran en delatores.

La disciplina que imponía entre sus hombres era inflexible y cruenta. Su falta de sensibilidad y misericordia se aprecia en un relato de su libro "Pasajes"[35], en el que describe con orgullo sádico cómo encontró moribundo a un combatiente rebelde que cumpliendo órdenes suyas fue enviado desarmado a la primera línea del frente para que consiguiera un fusil, él le había castigado quitándole el suyo porque se había quedado dormido en una guardia, esto ocurrió durante los enfrentamientos que tuvieron lugar en la ciudad de Santa Clara.

Su conducta con los militares del antiguo régimen fue todavía más cruel, procedió a ejecuciones sin procesos judiciales y sin garantías procesales. Afirma Jaime Costa que el responsable de las primeras ejecuciones en la ciudad de Santa Clara fue Guevara y no Ramiro Valdés.[36]

La Cabaña, su primer mando después del triunfo insurreccional, fue el bastión militar donde más ex militares y colaboradores de la dictadura derrocada fueron ejecutados. Según la periodista Hart Phillips, de New York Times, unos "400 en los dos primeros meses"; y testimonios del periodista Tetlon del London Daily Telegraph "en ocasiones funcionaban cuatro tribunales simultáneamente, sin abogados ni testigos de descargos, llegando a juzgarse, contemplando la pena capital, hasta 80 personas en juicios colectivos". Relata que él (Guevara) ordenó personalmente, entre otras, la ejecución del teniente José Castaño Quevedo, cuyo único crimen fue ocupar la dirección del Buró para la Represión de Actividades Comunistas -BRAC-, ya que en el proceso no se efectuaron demandas contra el teniente.

A pesar de las numerosas afirmaciones e investigaciones que concluyen que en La Cabaña fueron ejecutados varios cientos de personas, decenas bajo la responsabilidad del propio Guevara, el ex sacerdote Javier Arzuaga, párroco de Casablanca de la Orden de San Francisco y que asistió espiritualmente a muchos de los fusilados, refiere en su libro "Cuba 1959: La Galera de la Muerte" que, "no hubo más de cincuenta y cinco fusilamientos en La Cabaña" entre enero y junio del año de la victoria revolucionaria.[37]

Según Arzuaga, que sostuvo con Guevara varias entrevistas, el comandante era un hombre incisivo que desde el primer encuentro le afirmó que en sus predios, La Cabaña, era el único que daba formación política, religiosa e ideológica a sus soldados, a la vez que le aseveró que habían usado a los capellanes en la Sierra Maestra por que los necesitaban, pero que en ese momento no era así, mientras, le advertía, que había mucho que juzgar y hacer pagar y que para eso había un paredón.

El ex sacerdote, que evidentemente sentía algún tipo de admiración por Guevara y el proceso revolucionario, un sentimiento muy normal en la época, lo describe como un individuo de muchas facetas. Según refiere era un idealista radical que estaba dispuesto a transformarlo todo o eliminarlo según el caso;

"el otro, un Che obsesionado por la justicia igualitaria que sin el menor reparo y sin preocuparse en absoluto por los efectos colaterales y las consecuencias últimas, irá aniquilando hasta reducirlo a polvo, cuanto se le cruce en el camino, y por la justicia ejemplarizante en cuyo ejercicio la crueldad será un mal menor imprescindible"[38] a la vez, agrega, era un individuo que solo le pedía a alguien que hiciera lo que él también estaba dispuesto a hacer.

Cuenta que las vistas de revisión de causa siempre eran presididas por Ernesto Guevara y que terminaban a veces con algo más que una ratificación de la pena de muerte porque le agregaba, la "ejecución tendrá lugar esta noche".

El padre Arzuaga, un hombre al parecer muy compasivo, trató de ayudar en la medida de lo posible a las personas que iban a ser ejecutadas, su libro recoge relatos realmente fuertes, pero el que mejor expone la naturaleza violenta y despiadada de Guevara fue el caso de Ariel Lima.

Cuenta el sacerdote que intercedió a favor de Lima, condenado a muerte con 21 años de edad, recuerda que Guevara le dijo que esos eran asuntos que decidía el tribunal de Apelación, no él. Atestigua que presenció la revisión de la sentencia que sólo duró media hora con el agregado de que fuera ejecutado esa misma noche, refiere que terminada la sesión Guevara caminaba por la calle empedrada cuando una mujer corrió y se postró ante él, era la madre de Ariel Lima, el "Che la bordeó y una vez al otro lado le dijo: 'señora le recomiendo que hablé con el padre Javier que dicen que es un maestro consolando" y dirigiéndose a mí, entre mandón y burlón dijo: "Es suya". Concluye el ex sacerdote escribiendo: "esa noche odié al Che"[39].

Guevara era vengativo, no olvidaba las ofensas pero solo las cobraba cuando estaba seguro de ganarlas sin consecuencias. Varios oficiales del Ejército Rebelde certifican las diferencias entre los comandantes Guevara y Jesús Carrera. El comandante Carrera enfrentó a Guevara cuando éste llegó al Escambray, la discusión fue muy fuerte, Carreras lo retó y Guevara adujo que entre revolucionarios no había que pelear. Después del triunfo de la insurrección, Carreras fue acosado por más de dos años hasta que fue involucrado en la conspiración del también comandante William Morgan, causa por la cual los dos fueron ejecutados. Los comandantes Lázaro Asensio y Armando Fleites[40] están convencidos que Guevara fue quien ordenó la ejecución de Jesús Carrera, compañero de ambos.

Una referencia del compromiso de Guevara con la subversión en el hemisferio se aprecia cuando en 1959 creó una fuerza subversiva en Bolivia a través del embajador cubano en La Paz, José Tabares del Real. Este intento de desestabilización se extendió hasta junio de 1961 y se desarrolló contra el gobierno democrático de un político de fuerte aval revolucionario, Hernán Siles Suazo.

Después intentó organizar una rebelión en Argentina para la que se alió con elementos peronistas, el brote abortó cuando las autoridades de ese país descubrieron dos escuelas de guerrilleros y detuvieron a un instructor militar cubano, José Ramón Alejandro. Posteriormente las autoridades bonaerenses presentaron documentos que mostraban que la Embajada de Cuba en Buenos Aires era un centro subversivo que dirigía el mismo Ernesto Guevara desde La Habana.

Años más tarde, a través de Jorge Ricardo Massetti, fundador de Prensa Latina, agencia de propaganda del castrismo, organizó una fuerza guerrillera identificada como Ejército Guerrillero del Pueblo, que según algunos analistas incurrió en los errores tácticos que Guevara repetiría en Bolivia. Junto a Massetti, muerto en el Chaco argentino, el Che murió en el Chaco boliviano, cayeron dos oficiales del ejército cubano que habían sido hombres de su confianza, Hermes Peña Torre y Raúl Dávila.

No cabe duda de que Ernesto Guevara poseía una inmerecida reputación en los aspectos teórico y práctico en la guerra de guerrillas, que Castro no tenía. Fue uno de los propiciadores de la

Conferencia Tricontinental de La Habana a principios de 1966, que sería, según sus planes, el vector para las revoluciones que convulsionarían América, Asia y África.

Sus frecuentes y largos viajes por el extranjero, en los que profería incendiarios discursos revolucionarios lo convirtieron en una especie de vocero de la Revolución Mundial y sus contactos directos con Ben Bella, Gamal Abdel Nasser, Sekou Toure, Josehf "Tito" Broz, Ahmed Sukarno y las cúpulas del poder en la República Popular China y Viet Nam, acrecentaban su prestigio de individuo comprometido con cambios políticos radicales.

Una anécdota que cuenta Carlos Franqui[41] en su libro, "Cuba, La Revolución, Mito o Realidad", refleja hasta qué punto Guevara creía en las medidas extremas como índice del progreso del proyecto que defendía. Refiere Franqui que durante una visita a la República Árabe Unida, Egipto y Siria, Guevara le preguntó al gobernante Gamal Abdel Nasser que cuántas personas habían abandonado el país después del triunfo de su Revolución, a lo que el líder egipcio contestó, "muy pocas", y Guevara le respondió: "Eso significa que en su revolución no ha ocurrido gran cosa, yo mido la profundidad de una transformación social por el número de gente afectada por ella y que piensa que no tienen cabida en la nueva sociedad".

Sin embargo, este hombre, que mataría y moriría por sus convicciones, asumió durante su juventud una conducta inexplicable. Nunca participó activamente contra los movimientos fascistas y antijudíos que existían en Argentina, ni tampoco se vinculó a los que combatían directamente la dictadura de Juan Domingo Perón.

A pesar de su condición de miembro de la Federación Universitaria de Buenos Aires, organismo dirigido por socialistas y comunistas, no hizo vida militante ni se conocen artículos o discursos en los que exponga sus opiniones sobre los problemas que enfrentaba su país en aquellos días. En una palabra, no se sabe que haya actuado en contra de los actos de fuerza del gobierno de Perón.

En los primeros meses de 1965, Guevara visitó varios países africanos, entre ellos Argelia, Mali y la República del Congo, Brazzaville, y le ofreció a Massemba Debat su apoyo en la formación y preparación de las fuerzas guerrilleras que se estaban formando en ese país para atacar al antiguo Congo Belga, que estaba bajo la dirección de José Mobutu. La propuesta de Guevara fue aceptada, lo que pone de inmediato en conocimiento de Fidel Castro, quien sin dudarlo le facilita los medios y recursos necesarios para la operación. En ese mismo viaje le ofreció ayuda al movimiento independentista angoleño que dirigía Agostinho Neto.

La colaboración de Castro y Guevara con estos caudillos se enmarca perfectamente en sus proyectos de desestabilización y subversión en diferentes partes del mundo, a la vez que era una herramienta muy efectiva para incrementar el protagonismo político y la hegemonía de la Revolución y sus líderes.

La cruenta guerra africana se acentuó con la partida de Guevara para el país africano con un contingente de 125 guerrilleros entrenados y mejor armados, todos veteranos de la lucha insurreccional contra el régimen de Fulgencio Batista. Según Jorge Risquet, miembro del Comité Central del Partido Comunista de Cuba, los internacionalistas cubanos en el Congo solo perdieron seis hombres, aunque no da información de cuantos guerrilleros africanos murieron bajo el comando de Ernesto Guevara.

Las fuerzas cubanas llegaron a Kinshasa seis meses más tarde y después de atravesar el lago Tanganica, diciembre del 65, Guevara regresa a La Habana con el resto de su contingente, decepcionado de las guerrillas congolesas. De todas sus fracasadas acciones bélicas, la menos conocida es la del Congo, en ese país africano cometió errores tácticos y estratégicos que repetiría en Bolivia.

Con el objetivo de confirmar su apostolado de violencia reproduzcamos algunos de sus planteamientos:

A) Durante su intervención en la Asamblea General de Naciones Unidas el 11 de diciembre de 1964, expresó:

"Nosotros tenemos que decir aquí lo que es una verdad conocida, que la hemos expresado siempre ante el mundo: fusilamientos, sí, hemos fusilado, fusilamos y seguiremos fusilando mientras sea necesario. Nuestra lucha es una lucha a muerte. Nosotros sabemos cuál sería el resultado de una batalla perdida y también tienen que saber los gusanos cuál es el resultado de la batalla perdida hoy en Cuba"[43].

B) "El camino pacífico está eliminado y la violencia es inevitable. Para lograr regímenes socialistas habrán de correr ríos de sangre y debe continuarse la ruta de la liberación, aunque sea a costa de millones de víctimas atómicas"[44].

C)"El odio como factor de lucha; el odio intransigente al enemigo, que impulsa más allá de las limitaciones naturales del ser humano y lo convierte en una efectiva, violenta, selectiva y fría máquina de matar. Nuestros soldados tienen que ser así; un pueblo sin odio no puede triunfar sobre un enemigo brutal. Hay que llevar la guerra hasta donde el enemigo la lleve: a su casa, a sus lugares de diversión; hacerla total. Hay que impedirle tener un minuto de tranquilidad, un minuto de sosiego fuera de sus cuarteles, y aun dentro de los mismos: atacarlo donde quiera que se encuentre; hacerlo sentir una fiera acosada por cada lugar que transite. Entonces su moral irá decayendo. Se hará más bestial todavía, pero se notarán los signos del decaimiento que asoma".

Parte II. *"Debería haber habido unos cuantos fusilamientos al comienzo pero es otra cosa."*.
Ernesto Guevara.

Hay individuos antológicos, sujetos que independientemente a sentimientos e ideologías se les debe atribuir un peso específico en los acontecimientos de su época y sin dudas Ernesto Guevara de la Serna, es uno de ellos, aunque en honor a la verdad, el lugar que le conceden no debería estar relacionado con los éxitos que no tuvo sino con sus fracasos que fueron muchos, incluyendo su muerte, cuya relativa trascendencia ha sido en el campo de la propaganda y el comercio.

En justicia, las características de excepcionalidad, en vida o muerte, no deben ser fundamentos para generar imágenes públicas que no se correspondan con la realidad. Alrededor de la figura y actos de Guevara se ha construido un mito en el que los intereses económicos y políticos se han asociado criminalmente. Han montado una "imagen" de éxito, tolerancia y pacifismo, opuesta a la verdad histórica. El hombre fue un completo fracaso, su intolerancia lo impulsaba al crimen y el pacifismo que le atribuyen una gran mentira, porque lo único que hizo, aunque mal, fue llevar la guerra a varios lugares del mundo.

Guevara fue una figura que sintetizó todo lo opuesto a lo que la mayoría de las organizaciones no gubernamentales y sectores sociales, culturales y políticos, dicen defender. Su obra de vida está muy lejos de haber representado los valores de libertad y respeto a la dignidad humana que promueve la sociedad occidental.

Durante su estancia en Guatemala expresó en muchos de sus escritos y diario de vida, que uno de los problemas que confrontaba el gobierno de Jacobo Arbenz era el no haber sido más duro con sus enemigos y entre esos enemigos le atribuía un rol destacado a la Iglesia Católica y a la prensa, calificando a ambas como "reaccionarias". Advirtió que futuros procesos revolucionarios de carácter socialista debían prestar una especial atención a estas expresiones de la sociedad civil, porque eran problemáticas.

El hombre que supuestamente había combatido a la contrarrevolución guatemalteca escribe a su madre: "Yo ya estoy apuntado para hacer servicio de socorro médico de urgencia y me apunté en las brigadas juveniles para recibir instrucción militar"[46]. A los 27 años de edad, Guevara no ha decidido que hará con su vida, y escribe desde México, "El paso siguiente puede ser EE.UU. (muy difícil), Venezuela (factible) o Cuba (probable). Pero mi meta irrenunciable sigue siendo París y llegaré aunque sea nadando todo el Atlántico".[47]

Como es conocido, de Guatemala viajó a México pero no en condición de asilado, porque aunque estuvo varios días refugiado en la embajada argentina. Cuando abandonó esa sede diplomática permaneció por un breve tiempo en el país centroamericano haciendo turismo con su compañera Hilda Gadea. Desde la capital mexicana le escribió a su amiga Tita Infante: "Los periódicos de las Américas publicaban mentiras. Ante todo, no hubo asesinato ni nada que se le parezca. Debería haber habido unos cuantos fusilamientos al comienzo pero es otra cosa. Si se hubieran producido esos fusilamientos, el gobierno hubiera conservado la posibilidad de devolver el golpe."[48] Agregamos que varias de las cartas de Guevara de la época estaban firmadas con el seudónimo Stalin, lo que refleja una innegable admiración por el asesino ruso.

Todo parece indicar que el valor personal de Ernesto Guevara era cíclico. Enrique Ros, en su libro "Ernesto Guevara, Mito y Realidad", reproduce parcialmente el acta que firmó el "Che" cuando fue arrestado en 1956 por la policía mexicana: reconoció que era del Movimiento 26 de Julio, que tenía ideas marxistas y que Castro intentaba derrocar al gobierno de Batista, agregó que "el señor Castro Ruz le pidió a favor que tomara el arrendamiento el Rancho Santa Rosa para lo cual le facilitó el dinero"[49].

Fusilar, matar, fue una pasión que puso en práctica en Cuba. El 22 de enero de 1957, después del encuentro de "Llanos del Infierno", escribe en su diario de campaña, sin ningún tipo de conmiseración por el hombre que había acabado de matar:

"Tiré a rumbo la primera vez y fallé, el segundo disparo dio de lleno en el pecho del hombre que cayó dejando su fusil clavado en la tierra por la bayoneta. Cubierto por el guajiro Crespo, llegué a la casa donde pude observar el cadáver y le quité sus balas, su fusil y algunas otras pertenencias. El hombre había recibido un balazo en medio del pecho que debió haber partido el corazón y su muerte fue instantánea; ya presentaba los primeros síntomas de la rigidez cadavérica debida quizás al cansancio de la última jornada que había rendido"[50].

Por lo que han escrito y dicho los partidarios de Guevara, se podría concluir que era "el no más allá" de las virtudes y capacidades, por supuesto, después de Fidel Castro.

Hace varios años fue estrenado un absurdo film cinematográfico en el que el gobernante cubano era una especie de peón en el juego del Gran Maestro argentino. El film plantea que el triunfo de la insurrección contra la dictadura de Fulgencio Batista fue producto de la capacidad de dirección y acción del "Che". Esta mentira, al igual que otras propagadas por sectores interesados, han hecho posible la creación de un mito, que como otros, está estructurado en la ignorancia y en el interés mezquino de ciertos sectores.

Es un disparate atribuirle dotes que la más superficial de las investigaciones desmiente. Ernesto Guevara era un individuo audaz, disciplinado e inteligente pero le faltaba la plasticidad y creatividad de un verdadero conductor. A esto se suma un carácter cruel, despótico e irreverente y una total intolerancia hacia aquellos que fueran adversarios de sus postulados. No tenía, su primer fracaso en el Congo lo indica y el desastre que protagonizó en Bolivia lo confirma, capacidad para el primer mando, fue sin duda alguna para la subversión totalitaria un buen teniente, pero nunca un hábil capitán.

Sin embargo, no hay dudas de que fue uno de los principales colaboradores de Fidel Castro y que tal vez el que más influyó, junto a Raúl Castro, en el derrotero final de la insurrección triunfante. Sus ideas políticas eran claramente marxistas, aunque no está confirmado que hubiese estado asociado a algún partido comunista. En un discurso, a menos de un mes del triunfo insurreccional en Cuba, manifestó que había que construir una "Democracia Armada", frase de Lenin, y exhortó antes que Fidel

Castro a una revolución continental: "Esta revolución no está limitada a la nación cubana; sea éste el primer paso hacia la victoria de América".

Una de las supuestas heroicidades de Ernesto Guevara fue la captura del llamado tren blindado en la ciudad de Santa Clara, pero según afirma Lucas Morán Arce[51] la ocupación del tren no revistió ningún heroísmo porque los soldados fueron abandonados por su jefe, el coronel Florentino Rosel Leyva y los rebeldes de Guevara, aparte de tirotear el transporte, lo que hicieron fue levantar las vías férreas quedando los defensores del tren indefensos.

El coronel Rosel Leyva, jefe del Cuerpo de Ingenieros del Ejército de Cuba de 1952-1958, publicó en el exilio un breve libro titulado "La Verdad" es que hace un recuento importante de las condiciones de las Fuerzas Armadas de la Republica, destacando lo relacionado con el tren blindado del cual dice "... "la decisión de enviar a los hombres del cuerpo de Ingenieros al frente de combate para reparar las vías férreas, carreteras y puentes dañado por el enemigo no obedecía a ningún plan táctico capaz de producir el milagro de cambiar el curso de la guerra..." "La mayoría de aquellos hombres eran de edad avanzada, conocían más de los uso del tránsito y la cuchara de albañil o el torno de carpintero, que de armas".

Las características del tren, una de las mayores gestas bélicas atribuidas a Guevara, son reseñadas por el coronel Ramón Barquín en su libro "Las Luchas Guerrilleras en Cuba". Refiere el autor que el transporte estaba compuesto de 17 vagones y dos locomotoras, que la misión de los soldados era de combate y de servicio y que entre sus responsabilidades estaba reparar los puentes, restablecer comunicaciones y limpiar de rebeldes las vías férreas, sobre la moral de combate de las tropas es muy explícito: "Al salir de La Habana la compañía de Infantería informó de 21 ausentes y 27 desertores y el 25 de diciembre, ya en Santa Clara, otros 50 soldados estaban ausentes o habían desertado; incluyendo el oficial superior del tren blindado, que aparentemente escapó para no ser apresado, porque se había descubierto que estaba involucrado en una operación militar contra el régimen de Batista."

La principal ventaja de Guevara era que sabía lo que quería, en un universo de dirigentes sin preparación política y que como colofón se encontraban sometidos a la seducción carismática de un líder oportunista, que asumía la ideología que le posibilitara un poder absoluto y de por vida.

Guevara estaba identificado con el marxismo. Fue el primer dirigente de la Revolución, 1960, que planteó la posibilidad de que el proceso asumiese como propias las ideas de Carlos Marx y el primero también en abogar por las más estrechas relaciones con los países del campo socialista. Su relación con el movimiento comunista cubano en el proceso insurreccional está bien demostrada en la labor de varios investigadores.

El ya mencionado Morán Arce, refiere que después de que Ernesto Guevara estableció el foco guerrillero del "Hombrito" sostuvo contactos, en su opinión con la anuencia de Fidel Castro, con los cuadros del Partido Socialista Popular de las ciudades de Palma Soriano, Bayamo y Manzanillo. Agrega que cuando el comandante guerrillero pasó por la provincia de Camagüey, no estableció tratos con los militantes del Movimiento 26 de Julio pero sí con los dirigentes comunistas de la región, y que cuando arribó a la región montañosa del Escambray, Las Villas, confió a los comunistas las tareas de mayor responsabilidad y rechazó groseramente las críticas que Enrique Olstuski y Joaquín Torres, los dos delegados del Movimiento 26 de Julio que le visitaron en las montañas, le hicieron por sus relaciones con los marxistas del patio.

Guevara fue el artífice del primer convenio comercial entre Cuba y La Unión Soviética. Este acuerdo comprometía al Kremlin a comprar un millón de toneladas de azúcar a La Habana y Cuba aceptaba asociarse a la política de "coexistencia pacífica" de Moscú. Este capítulo se puede considerar el principio del fin de la independencia política del proceso revolucionario cubano, y aunque años más tarde en cierta medida cuestionaría la supuesta solidaridad soviética y criticara las estrechas relaciones entre los dos países, fue al principio del proceso el principal impulsor de una sociedad que resultó nefasta tanto para Cuba, como para la Unión Soviética.

Ernesto Guevara, desde su elevada posición de comandante de la Revolución y desde los diversos cargos que ocupó en sus casi siete años de poder político en Cuba (ejecutivo del Instituto Nacional de Reforma Agraria, presidente del Banco Nacional de Cuba, directivo de la Junta Central de Planificación, Ministro de Industria y otras importantes funciones), fue uno de los personajes claves en la caída de la economía de la isla hacia el estatismo a un ritmo, según especialistas, que no tuvo paralelo en los primeros años de la revolución soviética o en la China de Mao.

Entre el 6 de agosto al 25 de octubre de 1960 ordenó la estatización de todas las empresas estadounidenses que operaban en Cuba, en conjunto reunían un capital aproximado de mil quinientos millones de dólares, y estatizó otras 382 compañías que operaban con capital cubano.

Tan rápido fue el proceso que el marxista René Dumont lo criticó porque consideró que esas medidas eran peligrosas para la economía, afirmó que un ritmo tan vertiginoso de expropiación y control de los medios de producción no tenía antecedentes, agregando que en la Isla se había realizado en un año lo que Mao Tsé Tung había hecho en siete en China.

La gerencia de la economía cubana por parte de Guevara resultó un fracaso. La producción cayó vertiginosamente y la productividad disminuyó a niveles sin precedentes. La irreverencia, por calificarlo de alguna manera de este personaje, llegó al extremo de firmar con su sobrenombre "Che" los billetes que se emitieron en la isla durante su presidencia del Banco Nacional, por decisión suya desparecieron los controles económicos y la calidad de los servicios se derrumbó. El llamado estímulo moral al trabajador, no motivó un mejor desempeño laboral, sino que generó una indisciplina de trabajo que se ha acentuado con los años.

El trabajo voluntario en el plano económico resultó un derroche, quizás una práctica política oportuna y conveniente para instaurar el totalitarismo y vencer la resistencia del ciudadano, pero en lo que a logros económicos respecta fue un fiasco. El control de la economía por parte de administradores públicos fue una catástrofe, repitiéndose lo que había ocurrido en otros países donde se había instaurado el sistema.

Ernesto Guevara también se equivocó en la gestación del llamado "hombre nuevo". Su intento por transformar la conciencia del individuo y su conducta, se aprecia a plenitud en esa gran cantidad de hombres y mujeres jóvenes que salen al exterior en procura de una vida diferente, en esa corriente migratoria se destacan hijos de muchos de los dirigentes de la Revolución que contrario a sus padres no creen en proceso castrista y si en su derecho a ser libres, anhelan ser independientes económicamente y defienden su derecho a elegir el tipo de vida que les plazca, son sujetos que entre otras cosas rechazan el modelo económico y político vigente en Cuba que promovió a sangre y fuego Guevara.

Sin embargo, algunos creen que si Guevara estuviese vivo sería uno de los disidentes más renuentes en lo que denominamos en el presente castrismo, no porque estuviera a favor de más libertades, sino porque el gobierno de La Habana para sobrevivir ha abandonado en gran medida la ortodoxia guevarista. Recordemos que en la década del 60, mostró públicamente su disgusto cuando apreció que la Revolución dejaba el lirismo guerrillero y la improvisación, al Castro empezar a aplicar sistemas de métodos y control que fueron tan ineficientes como los que él auspició.

El desaparecido guerrillero sintetiza todo lo opuesto a los valores que denominamos cristianos porque en julio de 1960, durante un congreso de juventudes latinoamericanas que se celebró en Cuba, manifestó: "La moderación es otra de las palabras que les gusta usar a los agentes de la colonia, son moderados, todos los que tienen miedo o todos los que piensan traicionar de alguna forma, el pueblo no es de ninguna manera moderado".

Fue un acérrimo enemigo del consenso, del entendimiento de las partes en disputa porque dijo, "Nosotros, los miembros de la Revolución cubana, que somos el pueblo entero de Cuba, llamamos amigos a nuestros amigos y enemigos a nuestros enemigos, y no admitimos términos medios: o se es amigo, o se es enemigo.... Y ese pueblo que hoy está ante ustedes, les dice que, aun cuando debiera desaparecer de la faz de la tierra porque se desatara a causa de él, una contienda atómica, y fuera su primer blanco; aun cuando desapareciera totalmente esta Isla y sus habitantes, se consideraría completamente feliz, y completamente logrado, si cada uno de ustedes al llegar a sus tierras es capaz de decir: Aquí estamos. La palabra nos viene húmeda de los bosques cubanos. Hemos subido a la Sierra Maestra, y hemos conocido a la aurora, y tenemos nuestra mente y nuestras manos llenas de la semilla de la aurora, y estamos dispuestos a sembrarla en esta tierra y a defenderla para que fructifique."

Este discurso, dirigido a más de 900 estudiantes latinoamericanos, es un verdadero canto a la muerte y la destrucción y fue como una especie de bienvenida a la promesa del premier soviético Nikita Jruschov, de que su país defendería a la revolución cubana a como diese lugar. Según numerosos investigadores, Guevara junto a Raúl Castro, negoció las primeras compras de armas en la URSS y también participó en los acuerdos que terminaron con el establecimiento de armas nucleares en Cuba.

Es paradójico que quien representa para algunos la independencia de criterios y la defensa de la Paz, se enfureció hasta el delirio por la retirada de territorio cubano de los misiles soviéticos con capacidad nuclear, al extremo que como represalia ordenó suspender las comunicaciones de su comando con la base soviética vecina, era en aquel momento jefe del ejército en la provincia de Pinar del Río, semanas después, Sam Russell, corresponsal del periódico socialista británico Daily Worker, entrevistó a Guevara quien le dijo, "que de Cuba haber controlado los misiles, los habría disparado".

Ernesto Guevara demostró ser un ferviente defensor de la violencia como instrumento para acceder al poder, aunque tampoco cosechó triunfos con su belicosidad, porque su extremismo y rigidez de pensamiento le impedían aprender de los errores y rectificar en los empeños, le faltaba el sentido de la oportunidad que caracterizó siempre a su mentor, Fidel Castro.

Uno de sus compañeros en la "lucha internacionalista", Dariel "Benigno" Alarcón, con sus testimonios ayuda a desmitificar las historias que se han tejido alrededor de Guevara. "Dariel", un sobreviviente de la guerrilla guevarista en el Congo y Bolivia, cuestiona muy seriamente la habilidad militar de Ernesto Guevara. Él acusa al "Che" de centralizar el mando y negarse a escuchar las recomendaciones de otros oficiales de la guerrilla que también tenían experiencias, apunta que Guevara no supo aprovechar los conocimientos de hombres que habían alcanzado el grado de comandantes del Ejército Rebelde, entre ellos Gustavo Machín, Juan Vitalio Acuña y Pinares, en su opinión el "Che" los consideraba a todos como si fueran reclutas porque no permitía que ninguno de los hombres que llevaban años en la lucha armada tomaran decisiones tan básicas como designar una posta.

El comandante del Ejército Rebelde e historiador, José Duarte Oropesa, supone que Guevara fue víctima de un espejismo revolucionario que se originó durante la victoria insurreccional contra el régimen de Fulgencio Batista. Afirma que las circunstancias que se dieron en Cuba con una fuerte organización civil proveedora de recursos, hombres y armamentos, no existió nunca en Bolivia y que eso en buena medida repercutió en el fracaso del guerrillero.

El insignificante papel que cumplió en la Guatemala de Jacobo Arbenz, la sobredimensionada invasión a Occidente y la toma de la ciudad de Santa Clara, incluyendo la ocupación del tren blindado, forman parte de la fantasiosa épica guerrillera que ha caracterizado a la insurrección cubana, otro mito sólo comparable al que adorna a Ernesto Guevara, que a décadas de su muerte es más referencia comercial y mediática, que referente ideológico o político.

Parte III. *"La sangre del pueblo es nuestro tesoro más grande, pero hay que usarla para salvar más sangre del pueblo en el futuro"*. Che Guevara.
"Tácticas y Estrategias en la revolución latinoamericana"

Durante mucho tiempo las posibles desavenencias entre Fidel Castro y Ernesto Guevara han sido tema de interés y es de creer, en virtud de las profundas diferencias de carácter de ambos personajes, que en más de una ocasión, y principalmente después de 1965, los encuentros entre los dos debieron ser extremadamente críticos.

Es indudable que la personalidad de Fidel Castro sedujo a Guevara desde el primer encuentro. Confiesa el Che que desde que hablaron quedó convencido de que debía integrarse como un expedicionario más en el proyectado desembarco en Cuba, sin lugar a dudas Castro también fue atraído por su interlocutor, porque apreció en él un hombre firme, valeroso y culto.

Por otra parte, Guevara demostró durante los entrenamientos militares a que fueron sometidos los expedicionarios del Granma en México, bajo la instrucción de Miguel Sánchez "El Coreano" y el "general" Alberto Bayo, muchas habilidades y una voluntad de superar sus limitaciones físicas que no estaban presentes en muchos de los combatientes.

Según testigos, las relaciones entre Castro y Guevara eran por lo regular tirantes, aunque al final de las discusiones Guevara aceptaba siempre lo que dispusiera Fidel Castro. Según Dariel Alarcón, la gran mayoría no sabe los grandes altercados que había a puertas cerradas entre ambos dirigentes, otros individuos que compartieron con los dos personajes afirman que a pesar del mutuo respeto y posible afecto que ambos se profesaban, existía entre los dos mucha competencia, sentimiento que se iría acrecentando con el tiempo por las características personales de Guevara y la intolerancia y mesianismo de Castro.

Según Carlos Franqui, muchas de las ideas que defendía Guevara coincidían con las del asesinado líder comunista soviético León Trotsky. Recuerda que defendía la militarización de los sindicatos, la necesidad de la revolución mundial, de la que estaba convencido era posible hacer, los estímulos morales y afirmaba que si en la Unión Soviética y Europa del Este el socialismo había degenerado era por errores de dirección y no por la naturaleza del sistema.

Sobre la relación con Fidel Castro dice que estaba sustentada en la fascinación que ejercía sobre su persona el dictador cubano a pesar de los desacuerdos que le distanciaban. Recuerda que la última vez que le vio fue en París y que Guevara le dijo, "Con Fidel, ni matrimonio ni divorcio". Señala quien fuera director del diario "Revolución", que entre Castro y Guevara existía una mutua admiración porque Fidel sabía que Guevara era un hombre de grandes ideas aunque siempre fracasaba en sus empeños porque no era hábil instrumentando sus proyectos.

Opina que Guevara no era un suicida pero sí un individuo dogmático y por eso creó en Cuba los primeros campos de castigos para los revolucionarios que cometían alguna falta. Recuerda que fue el principal promotor del trabajo voluntario, siguiendo la práctica soviética. Afirma Franqui, que Guevara fue primero un dogmático del modelo soviético y más tarde se convirtió en dogmático del socialismo chino.

Sobre el dogmatismo del "Che", recuerda Franqui que estando de visita en la cárcel "Miguel Schultz" en México, donde estaban recluidos varios revolucionarios, entre ellos Fidel Castro, había un joven trigueño leyendo un libro y cuando le preguntó de qué era, le contestó: "Los Fundamentos del Leninismo" a lo que Franqui le replicó que si no había leído sobre el informe del líder soviético Jruschov, en el que denunciaba los crímenes de Stalin y que la respuesta de Guevara, el joven en cuestión, fue: "Usted también cree en las mentiras capitalistas, toda revolución necesita un jefe y es mejor, incluso un jefe malo, porque muchos jefes buenos con sus divisiones, la pierden".

El ex comandante de la Revolución e historiador, José Duarte Oropesa, también afirma que Guevara era un troskista convencido en lo que atañía a la Revolución Mundial, al extremo que al momento de su captura, entre sus pertenencias tenía un libro del asesinado dirigente soviético.

Por otra parte, considera que lo de Guevara en Bolivia fue una especie de inmolación para vengarse de Fidel Castro, por la manera en que éste conducía el proceso revolucionario en la isla y que en su opinión en cierta medida lo logró, pues a partir de su muerte se convirtió en el modelo del revolucionario comunista por excelencia, idealista y anti-burocrático. Agrega en el quinto tomo de su obra Historiología Cubana, que el "Che" tenía una voluntad "sacrificial ante los peligros, la miseria y la muerte."

Es conveniente destacar que en una sociedad totalmente militarizada como la cubana, después del triunfo de la insurrección el "Che" tuvo el mando militar de la Fortaleza de la Cabaña hasta septiembre de 1959 y durante el desembarco de Playa Girón y en la Crisis de los Misiles, el del ejército de Pinar del Río. Los "leales" a Guevara siempre estuvieron asignados en diferentes unidades y muchos de los militares más allegados a su persona fueron los primeros en ser enviados a misiones "internacionalistas", que no eran otra cosa que incursiones armadas a países contrarios a la propuesta castrista.

Ernesto Guevara de la Serna siempre estuvo rodeado por un aura mística enmarcada en la falsa epopeya de la Sierra Maestra y en un supuesto protagonismo en la lucha contra el derrocamiento del presidente guatemalteco Jacobo Arbenz, papel que desmiente en sus propios escritos y que evidentemente fue inventado por sus partidarios.

Su vida de viajero irresponsable, de individuo que no trabajaba con regularidad, su insolencia, el desprecio hacia todo lo que afectara negativamente su entorno más directo y el heroico control que ejercía sobre su enfermedad, asma, le convertían en un hombre distinto al promedio de los individuos que acompañaron al futuro dictador cubano en su empeño de derrocar al régimen de Fulgencio Batista con las armas en la mano.

El hecho de que fuera el único dirigente de la Revolución capaz de escribir sobre sus experiencias y teorizar sobre sus conocimientos sociales y políticos, le hacían en cierta medida diferente al resto de los sujetos que habían participado en la expedición y a la mayoría de los que se sumarían a la insurrección en la Sierra.

Guevara fue el primer dirigente en pronunciarse por una revolución hemisférica, a sólo un mes de la victoria de los insurrectos. El papel protagónico que cumplió en las montañas, en la posterior invasión a occidente y sus trabajos de concientización política entre los hombres bajo su mando, le distinguían entre la tropa. Posteriormente, su radicalismo, su temprana identificación con el comunismo, sumado a sus discursos y actuaciones en el exterior, le proyectaron como una personalidad independiente a Fidel Castro, situación que debió haber generado más conflictos entre estos dos personajes.

Las personalidades de ambos líderes eran fuertemente antagónicas: Guevara idealista, intransigente, esquemático, doctrinario, arrogante, duro, cruel, y con fuerte inclinación a la teorización revolucionaria, sin abandonar la práctica que le dictaban sus valoraciones.

Fidel Castro dogmático en sus fines, con un carácter mesiánico, ciego en su propia fe, el castrismo, ambicioso de poder e historia, sin inclinaciones teóricas, pragmático del poder y con un profundo sentido de la supervivencia política y física, instinto que le llevó a establecer pactos y compromisos que sabía no cumpliría desde el mismo momento que los suscribió.

A pesar de que Guevara fue el principal artífice del orden económico pos-revolucionario y que gozó durante varios años de una gran y vasta influencia en el gobierno de la Isla, sus enfrentamientos con dirigentes de los países del llamado "socialismo real", líderes del Partido Socialista Popular, entre ellos Carlos Rafael Rodríguez, además de las críticas públicas que profería en conferencias internacionales, particularmente contra la Unión Soviética, el principal sostén en el proceso de instauración del totalitarismo en Cuba, fueron factores que afectaron en gran medida su poder y la influencia que ejercía en las altas esferas del gobierno, incluso sobre Fidel Castro.

Es importante aclarar que Guevara no cuestionaba a la desaparecida URSS por la violación de los derechos humanos ni por la ausencia de las libertades públicas y privadas en ese país, sino por la forma, a su entender, egoísta en que conducía sus relaciones con los países del tercer mundo. Guevara, como dogmático que era, creía tener la solución de todos los problemas y recetas para curar todos los males.

Para más de un especialista en el tema, su ostracismo de las esferas del poder era consecuencia de su ortodoxia, de su relativa independencia de criterios, ya que seguía defendiendo fórmulas económicas que Fidel Castro había abandonado. Era en el gobierno una especie de conciencia de la utopía marxista, ya que continuaba defendiendo el trabajo voluntario y los estímulos morales como si fueran a resolver los problemas socio-económicos de la Isla. Por su parte, Castro estaba consciente de que para la sobrevivencia del régimen era imprescindible la ayuda exterior y que esa asistencia no se iba a producir si no se cumplían los requisitos que exigían los que la prestarían.

El 11 de diciembre de 1964, en la Asamblea General de las

Naciones Unidas y en febrero de 1965 en Argel, criticó con ferocidad a la Unión Soviética. Sus choques con los antiguos comunistas cubanos eran cada día más severos. Sus fracasos en la conducción de la economía de la Isla se hacían cada día más evidentes, lo que hacía más importante la ayuda que pudiese provenir del exterior.

Según se hacía más dependiente el régimen cubano del Kremlin, más influencias ganaban los enemigos de Ernesto Guevara y aunque Castro era partidario de la teoría del "foco guerrillero", de la subversión continental al estilo guevarista, su sentido de la oportunidad y sobrevivencia le exigía abandonar todo lo que pudiera lastrar sus proyectos.

Al interior de la nomenclatura, el blanco preferido de los comunistas ortodoxos cubanos era Ernesto Guevara. Los ataques más encarnizados provenían de Carlos Rafael Rodríguez y Blas Roca, máximos dirigentes del comunismo en la Isla previo al triunfo de la isurrección, quienes le acusaban de no estar al día en la moderna economía marxista y de estar más próximo a las teorías utópicas de Moro, que a las de Marx.

En julio de 1965 el gobernante cubano Fidel Castro censuró sin ambages el principio guevarista de los incentivos morales en la creación del socialismo y el 3 de octubre de ese mismo año disintió públicamente de la línea política internacional que había asumido Guevara en lo que se refería a su conducta antisoviética. Poco antes, el semanario uruguayo "Marcha" había publicado un artículo del "Che", "El Socialismo y el Hombre en Cuba", en el que en cierta medida Guevara censuraba la forma en que Castro había conducido el ataque al Cuartel Moncada en julio de 1953. Todo esto permite apreciar cómo se agudizaban las diferencias que existían entre los dos líderes revolucionarios.

Dariel "Benigno" Alarcón considera que Guevara dictó su ostracismo, y quizás hasta su pena de muerte, cuando en Argelia denunció delante de dirigentes africanos y latinoamericanos a los líderes del campo socialista, pronunciamiento que determinó que el embajador ruso en La Habana visitara a Fidel Castro con una carta del Kremlin contentiva de una especie de ultimátum en el que le planteaba: "el comandante Guevara o la ayuda de Europa del Este".

Alarcón dice que entiende la difícil situación en que las declaraciones de su compañero puso a Castro pero que éste, por lealtad a su viejo camarada, debió explicarle los problemas y dificultadas que estaba generando con su conducta y no haberlo engañado y forzado a renunciar, como muchos afirman. Agrega Alarcón que cuando Castro dio lectura pública a la carta de Guevara en la que éste hacia dejación de sus cargos, el "Che" se percató que por ningún concepto podía regresar a Cuba públicamente. Opina que Guevara, a partir de ese momento, quedó como un barco a la deriva, sin apoyo y sin ayuda de nadie.

Para Alarcón, las diferencias entre el "Che" y Castro eran muy grandes porque estando en Praga, en una casa de seguridad cubana después de haber salido del Congo, Guevara, a pesar de su delicado estado de salud, no quería regresar a Cuba, una situación muy delicada que se resolvió cuando su viejo amigo Ramiro Valdés viajo a Checoslovaquia para convencerlo de que debía regresar. Según Alarcón, el enfermo manifestaba con insistencia su deseo de viajar a la Argentina, situación que determinó que él siempre se haya preguntado qué pasó entre los dos comandantes.

Félix Rodríguez, uno de los especialistas que colaboró en la captura de Guevara y con el que conversó minutos antes de que fuese asesinado, considera que el guerrillero no tenía en realidad habilidades para comandar un grupo de insurgentes, que los americanos han usado los muchos errores de Ernesto Guevara para ejemplificar lo que un guerrillero no debe hacer. Agregó que con los errores del "Che" se podía hacer una manual, porque representan lo contrario de lo que debe hacer una fuerza irregular para tener éxito.

Alarcón tiene la convicción que Fidel Castro dejó a su suerte a la fuerza insurgente que en Bolivia comandó Guevara. Dice que aunque se prepararon todas las condiciones para la operación, ellos se percataron que gradualmente desaparecían los contactos necesarios para la supervivencia de los insurrectos y que hasta los suministros prometidos dejaron de llegar. Recuerda que en una ocasión Guevara los reunió y les dijo que estaban solos, lo que toda la guerrilla interpretó como que La Habana, Fidel Castro, los había abandonado. En esos días Guevara escribió en su diario: "la tarea más importante es escapar y buscar zonas más propicias".

Alarcón escribe en su libro "Vida y Muerte de la Revolución Cubana", que "un día discutiendo con Antonio, Pacho, Marcos y Urbano, Olo Pantoja le dijo a Marcos: "Olvídalo, todo lo que querían en Cuba era librarse de nosotros, preguntándole a todos, ¿A ustedes qué les parece?". Alguno le respondió: "Creo eso .", Otro "Yo también veo así las cosas". Comenta que el Che, que los escuchaba, los miró y dijo: ¿No creen que están removiendo demasiada mierda?".

Según Gary Prado, general boliviano que dirigió la captura de los guerrilleros que operaron en Bolivia, el comandante insurgente antes de ser ejecutado confesó que Fidel Castro le había fallado en el momento crucial de su misión y que el veterano combatiente, en el momento de su captura, dijo: "Supongo que no me irán a matar ahora. Valgo más para ustedes vivo que muerto".

Existen pruebas de que al principio de las operaciones el régimen castrista respaldó a la guerrilla pero que desde del 21 de marzo de 1967, el apoyo a Guevara y a los 16 cubanos que le acompañaron en la misión, fue disminuyendo. No sólo cesó el respaldo material sino que la propaganda a su favor fue cancelada y que a partir del mes de junio la comunicación radial con La Habana se espació, colapsando por completo en septiembre, un mes antes del final de la aventura en Bolivia.

El historiador Enrique Ros, en su libro "Ernesto Che Guevara

Mito Realidad", afirma que Fidel Castro empezó a gestar el mito guevarista aun antes de que éste muriera en Bolivia. Comenta que la revista "Verde Olivo", órgano oficial de las Fuerzas Armadas de Cuba, publicó en los meses de abril, junio y julio de ese año, artículos en los que se destacaba la militancia y entrega a la causa revolucionaria del guerrillero argentino, sin embargo, no se tiene conocimiento de que el gobernante cubano haya gestionado con los insurgentes extranjeros radicados en la isla, algún tipo de ayuda para Guevara.

En una entrevista que concedió el general Gary Prado al periodista Agustín Alles Soberón, el militar dijo textualmente: "Evidentemente, lo que sucedió fue esto: nunca la guerrilla tuvo comunicación de salida con Cuba, nunca pudieron. Ellos una vez que llegaron a Bolivia, perdieron totalmente la posibilidad de comunicarse con Cuba, nunca tuvieron un aparato de radio para comunicarse con Cuba, tenían uno en el campamento que llegó a funcionar y que lo abandonaron allá. Entonces solamente podían recibir mensajes cifrados de Radio Habana, que los captaban en una radio a baterías, en una radio comercial cualquiera, ¿no es cierto? de onda corta. Entonces no tenían comunicación y de Cuba les mandaban los mensajes cifrados y dándoles algunas instrucciones o algunas noticias, pero nada más. No tuvieron absolutamente ninguna comunicación directa y real, estuvieron abandonados desde que comenzó la guerrilla aquí en Bolivia".

Después de lo referido, creemos conveniente cerrar este trabajo con lo que algunos estudiosos consideran las críticas póstumas de Fidel Castro a Guevara. El 15 de octubre, seis días después de su muerte, el dictador cubano expresó: "La excesiva temeridad y el no tomar las precauciones debidas le llevaron a la muerte y una fuerza guerrillera no libra una batalla de más de cuatro horas".

Artículos del autor sobre Ernesto Guevara.

Anatomía de un Mito

"Debería haber habido unos cuantos fusilamientos al comienzo pero es otra cosa". Ernesto Guevara.

Hay hombres antológicos, individuos que independientemente a nuestros sentimientos e ideologías se les debe atribuir un peso específico en los acontecimientos políticos de su época y no cabe duda que Ernesto Guevara de la Serna, fue uno de ellos.

No obstante, tales características no deben ser fundamento para generar imágenes públicas que no se corresponden con la realidad. Guevara representa todo lo contrario a nuestros valores de libertad y respeto a la dignidad humana, por su forma de interpretar ciertos acontecimientos históricos.

Por ejemplo, en varios de sus escritos, cartas y diario de vida, afirmaba que entre los sectores culpables de la derrota de Jacobo Arbenz estaban la iglesia católica y la prensa reaccionaria. Los calificó como sectores problemáticos que requerían una atención especial para que las futuras revoluciones socialistas en otros países no padecieran los problemas que afrontaba el gobierno de Guatemala, su visión era sectaria, interpretaba que los que no compartían un determinado punto de vista no tenían derecho a expresarlo con libertad.

Estando en México, no asilado, ya que después que buscó refugio en la embajada de sus país en la capital guatemalteca salió sin problemas de la misma y permaneció por varios días en la ciudad, le escribió una carta a su amiga Tita Infante, en la que refería textualmente: "Los periódicos de las Américas publicaban mentiras. Ante todo, no hubo asesinato ni nada que se le parezca.

Debería haber habido unos cuantos fusilamientos al comienzo pero es otra cosa. Si se hubieran producido esos fusilamientos, el gobierno hubiera conservado la posibilidad de devolver el golpe". Apuntamos que Guevara firmó más de una carta con el seudónimo, Stalin II, ¿por qué?

Fusilar, matar, es una pasión que pondría en práctica en Cuba. El 22 de enero de 1957, después del encuentro de "Llanos del Infierno", escribe en su diario de campaña, sin ningún tipo de conmiseración por el hombre que había acabado de matar. "Tiré a rumbo la primera vez y fallé, el segundo disparo dio de lleno en el pecho del hombre que cayó dejando su fusil clavado en la tierra por la bayoneta. Cubierto por el guajiro Crespo, llegué a la casa donde pude observar el cadáver y le quité sus balas, su fusil y algunas otras pertenencias. El hombre había recibido un balazo en medio del pecho que debió haber partido el corazón y su muerte fue instantánea; ya presentaba los primeros síntomas de la rigidez cadavérica debido quizás al cansancio de la última jornada que había rendido".

De lo mucho que hemos leído de y sobre Guevara, se podría concluir que era "el no más allá" de las virtudes y capacidades, por supuesto, después de Fidel Castro. Años más tarde, en el exilio, vi un absurdo cinematográfico en el que el gobernante cubano era una especie de peón en el juego del Gran Maestro argentino. El documental llega a afirmar que el triunfo de la insurrección contra la dictadura de Fulgencio Batista era producto de la capacidad de dirección y acción del publicitado "Che".

Realmente no hay otra cosa más disparatada que estas dos versiones. Ernesto Guevara era un individuo audaz, disciplinado e inteligente pero le faltaba la plasticidad y creatividad de un verdadero conductor. A esto se suma un carácter cruel, despótico e irreverente y una total intolerancia hacia aquellos que fueran adversarios de sus postulados. No tenía, su primer fracaso en el Congo lo indica, y el desastre que protagonizó en Bolivia lo confirma, capacidad para el primer mando, fue sin duda alguna para la subversión totalitaria un excelente teniente, pero nunca un capitán.

Sin embargo, no cabe duda que se encontraba entre los principales colaboradores de Castro y que fue tal vez el que más influyó en el derrotero final de la Revolución triunfante. Sus ideas políticas eran claramente marxistas, aunque se discuta si militaba en algún partido comunista. En un discurso a menos de un mes del triunfo insurreccional, manifestó que había que construir una "Democracia Armada", frase de Lenin, y exhortó antes que Fidel Castro a una revolución continental, expresó: "Esta revolución no está limitada a la nación cubana; sea este el primer paso hacia la victoria de América".

Su ventaja, indudablemente, era que sabía lo que quería en un universo de dirigentes sin preparación política que se encontraban sometidos a la seducción carismática de un líder oportunista que asumía la ideología que le posibilitara un poder absoluto y de por vida.

Guevara estaba identificado con el marxismo más ortodoxo. Fue el primer dirigente de la Revolución, 1960, que planteó la posibilidad de que el proceso asumiese como propias las ideas de Carlos Marx y el primero también en abogar por las más estrechas relaciones con los países del campo socialista. Recordemos que fue el artífice del primer convenio comercial entre Cuba y la Unión Soviética. Este acuerdo comprometía al Kremlin a comprar un millón de toneladas de azúcar a La Habana, y Cuba aceptaba asociarse a la política de "coexistencia pacífica" de Moscú. Este capítulo se puede considerar el principio del fin de la independencia política del proceso revolucionario cubano, y aunque años más tarde en cierta medida cuestionaría la supuesta solidaridad soviética y criticase las estrechas relaciones entre los dos países, fue el principal impulsor de una asociación que resultó nefasta para ambos pueblos.

Su soberbia, su iluminismo, su desprecio a todo lo que no se ajustara a su voluntad, más que un supuesto sentido de la justicia, que no le caracterizaba, le impulsó en 1965 a criticar durante su visita a Argel, Argelia, la tan proclamada solidaridad soviética acusando a ese país de ser en cierta medida cómplice del imperialismo.

Ernesto Guevara, desde su elevada posición de comandante de la Revolución y desde los diversos cargos que ocupó en sus casi siete años de poder político en Cuba: ejecutivo del Instituto Nacional de Reforma Agraria, presidente del Banco Nacional de Cuba, directivo de la Junta Central de Planificación, Ministro de Industrias y otras importantes funciones, fue uno de los personajes claves en el derrotero de la economía de la isla hacia la estatización a un ritmo, que según especialistas, no tuvo paralelo en los primeros años de la revolución soviética, o en la China de Mao.

Entre el 6 de agosto al 25 de octubre de 1960, ordenó la estatización de todas las empresas estadounidenses que operaban en Cuba, un capital aproximado de mil quinientos millones de dólares; pero también estatizó 382 compañías de capital cubano. Tan acelerado fue el proceso que el marxista Rene Dumont le criticó porque consideraba que era peligroso para la economía un ritmo tan vertiginoso de expropiación y control de los medios de producción, agregando que en la isla se había hecho en un año lo que Mao Tse Tung había realizado en siete.

La gerencia de la economía cubana por parte de Guevara resultó en fracaso. La producción cayó vertiginosamente y la productividad disminuyó a niveles sin precedentes. La irreverencia, por calificarlo de alguna manera, de este personaje, llegó al extremo de firmar con su sobrenombre "Che" los billetes que se emitieron en Cuba durante su presidencia del Banco Nacional. Desaparecieron los controles económicos en el país y la calidad de los servicios se derrumbó. El llamado estímulo moral al trabajador no motivó un mejor desempeño laboral sino que generó una indisciplina de trabajo que se ha acentuado con los años.

El trabajo voluntario en el plano económico resultó un derroche. Una práctica política oportuna y conveniente para instaurar el totalitarismo y vencer la resistencia del ciudadano, pero en lo que a logros económicos respecta, fue otro fiasco. El control de la economía por parte de administradores públicos causó en Cuba una catástrofe, al igual que en los otros países donde había sido implantado.

Ernesto Guevara también se equivocó en la gestación del llamado hombre nuevo. Su intento por transformar la conciencia del individuo y su conducta se aprecia a plenitud en esa gran cantidad de hombres y mujeres jóvenes que salen al exterior en procura de una vida diferente. En esta corriente migratoria se destacan hijos de muchos de los dirigentes de la Revolución que creen en la libertad, en la economía independiente y en el derecho a elegir el tipo de vida que les plazca. Personas que rechazan el modelo económico y político vigente en Cuba.

Es de creer que si Guevara estuviese vivo sería uno de los disidentes más renuentes de lo que denominamos en el presente castrismo, no porque estuviera a favor de más libertades sino porque el gobierno de La Habana, para sobrevivir, ha abandonado en cierta medida la ortodoxia guevarista. Ya en la década del 60, cuando apreció que la Revolución dejaba el lirismo guerrillero y la improvisación era sustituida por sistemas y métodos, que aunque demostraron ser ineficientes impedían el voluntarismo en la gestión económica y política, mostró públicamente su disgusto.

Afirmamos que el desaparecido guerrillero sintetiza todo lo opuesto a los valores que denominamos cristianos, porque en julio de 1960, durante un congreso de juventudes latinoamericanas que se celebró en Cuba, manifestó: "La moderación es otra de las palabras que les gusta usar a los agentes de la colonia, son moderados, todos los que tienen miedo o todos los que piensan traicionar de alguna forma. El pueblo no es de ninguna manera moderado". A esta crítica al consenso, al entendimiento de partes en disputa agregó, "Nosotros, los miembros de la Revolución cubana, que somos el pueblo entero de Cuba, llamamos amigos a nuestros amigos y enemigos a nuestros enemigos, y no admitimos términos medios: o se es amigo, o se es enemigo... Y ese pueblo que hoy está ante ustedes, les dice que, aun cuando debiera desaparecer de la faz de la tierra porque se desatara a causa de él, una contienda atómica, y fuera su primer blanco; aun cuando desapareciera totalmente esta Isla y sus habitantes, se consideraría completamente feliz, y completamente logrado, si cada uno de ustedes al llegar a sus tierras, es capaz de decir: Aquí estamos. La palabra nos viene húmeda de los bosques cubanos. Hemos subido a la Sierra Maestra, y hemos conocido a la aurora, y tenemos nuestra mente y nuestras manos llenas de la semilla de la aurora, y estamos dispuestos a sembrarla en esta tierra y a defenderla para que fructifique."

Este discurso, dirigido a más de 900 estudiantes de nuestro hemisferio, un verdadero canto a la muerte y la destrucción, tuvo lugar en el marco de declaraciones del premier soviético Nikita Jruschov, en las que manifestó que la otrora potencia mundial defendería a la revolución cubana a como diese lugar.

Ernesto Guevara demostró ser un ferviente defensor de la violencia en la que tampoco cosechó triunfos, porque su extremismo y rigidez de pensamiento le impedían aprender de los errores y rectificar en los empeños. Le faltaba el sentido de la oportunidad que caracteriza a su mentor, Fidel Castro.

El modesto rol que cumplió en la Guatemala de Jacobo Arbenz, la sobredimensionada invasión a Occidente y la toma de Santa Clara, incluyendo la ocupación del tren blindado, forman parte de la fantasiosa épica guerrillera que ha caracterizado a la insurrección cubana, otro mito sólo comparable al que adorna a Ernesto Guevara, que a los casi 40 años de su muerte es más referencia comercial y mediática que referente ideológico o político.

¿Abandonó Castro al Che Guevara?

"La sangre del pueblo es nuestro tesoro más grande, pero hay que usarla para salvar más sangre del pueblo en el futuro". Che Guevara. Tácticas y Estrategias en la Revolución Latinoamericana.

Durante mucho tiempo las supuestas desavenencias entre Fidel Castro y Ernesto Guevara han sido temas de interés, y es de creer en virtud de las profundas diferencias de carácter de ambos personajes, que en más de una ocasión, y principalmente después de 1965, los encuentros entre los dos debieron ser extremadamente críticos.

Es indudable que la personalidad de Fidel Castro sedujo a Guevara desde el primer encuentro. Confiesa el Che que desde que hablaron quedó convencido de que debía integrarse como un expedicionario más en el proyectado desembarco en Cuba.

Por su parte, Castro también fue atraído por su interlocutor. Apreció en él un hombre firme, valeroso y culto, a la vez que durante los entrenamientos a que fueron sometidos los expedicionarios por el "general" Alberto Bayo, Guevara demostró habilidades y una voluntad de la que adolecían muchos de los que participaban en el entrenamiento.

Según testigos presenciales, la relación entre ambos era por lo regular tirante, aunque al final de las discusiones Guevara seguía siendo un fiel hacedor de los mandatos de su jefe. Afirman que a pesar del mutuo respeto y posible afecto que ambos se profesaban, existía entre los dos mucha competencia.

Una condición que se fue acrecentando con el tiempo por las características personales de los dos sujetos. Es conveniente destacar que en una sociedad totalmente militarizada como la cubana Guevara ocupó más posiciones civiles que militares, y sus "leales" siempre estuvieron dispersos en diferentes unidades castrenses. Por otra parte, Castro no fue remiso en enviarlos a misiones "internacionalistas", fuera de carácter militar, guerrilleras o de propaganda.

Guevara siempre ha estado rodeado por un aura mística. Su vida de viajero irresponsable, de hombre que no trabajaba con regularidad, más su insolencia y desprecio hacia todo lo que afectara negativamente a su entorno más directo, junto a su participación, aunque muy modesta, en la defensa del gobierno de Jacobo Arbenz en Guatemala, y el heroico control que tenía sobre su enfermedad, le hacían un hombre diferente al promedio de los individuos que acompañaron al futuro dictador cubano en su obsesión.

El hecho de que fuera el único dirigente de la Revolución capaz de escribir y teorizar sobre experiencias y conocimientos; que se pronunciara por una revolución hemisférica a un mes del triunfo de la Revolución y que sus viajes, discursos y actuaciones en el exterior le dieran una personalidad independiente a la de Fidel Castro, debió haber generado más conflictos de personalidad entre ambos.

Los temperamentos de los dos líderes eran fuertemente antagónicos. Guevara idealista, intransigente, esquemático, doctrinario, arrogante, con fuerte inclinación a la teorización revolucionaria, sin abandonar la práctica que le dictaban sus valoraciones. Fidel Castro dogmático en sus fines, con un carácter mesiánico, ciego en su propia fe, el castrismo, ambicioso de poder e historia, sin inclinaciones teóricas, pragmático del poder, y con un profundo sentido de la sobrevivencia política y física, instinto que le lleva a establecer pactos y compromisos que sabe que no va a cumplir en el mismo momento que los contrae.

A pesar de que Guevara fue en gran medida el artífice del orden económico pos-revolucionario y que gozó durante varios años de una gran y vasta influencia en el gobierno de la isla, sus enfrentamientos con dirigentes de los países del llamado "socialismo real" y las críticas públicas que profería en conferencias internacionales, fundamentalmente contra la Unión Soviética, el principal aliado en el proceso de instauración del totalitarismo en Cuba, afectaron en gran medida el poder que detentaba.

Esclarezcamos que Guevara no cuestionaba a la desaparecida URSS por la violación de los derechos humanos, ni por la ausencia de las libertades públicas y privadas en ese país, sino por la forma egoísta en que conducía sus relaciones con los países del tercer mundo, que eran por supuesto las que él recomendaba.

Para más de un especialista en el tema, su ostracismo de las esferas del poder era consecuencia de su ortodoxia, de su relativa independencia de criterios en la defensa de recetas económicas fracasadas que hasta el propio dictador cubano había abandonado. El voluntarismo de Guevara era más fuerte que los conocimientos adquiridos o la experiencia. Entendía que las situaciones tenían que enfrentarse y resolverse desde sus perspectivas sin que se tuvieran en cuenta otras consideraciones.

Fue en el gobierno una especie de conciencia de la utopía marxista más extrema. Defendía el trabajo voluntario y los estímulos morales como si fueran la receta mágica que solucionaría los problemas socio-económicos de la isla. Por su parte, Castro estaba consciente de que para que su régimen sobreviviera era imprescindible una cuantiosa ayuda exterior, y que esa ayuda no se iba a concretar salvo que cumpliese determinados requisitos.

El once de diciembre de 1964 en la Asamblea General de las Naciones Unidas y en febrero de 1965 en Argel, criticó con ferocidad a la Unión Soviética. Sus choques con los antiguos comunistas cubanos eran cada día más severos. Sus fracasos en la conducción de la economía se hacían cada vez más evidentes, lo que hacía más importante la ayuda que pudiese provenir del exterior.

Según se hacía más dependiente el régimen cubano del Kremlin, más influencias ganaban sus enemigos dentro del proceso castrista y aunque Castro era partidario de la teoría del "foco guerrillero", de la subversión continental al estilo guevarista, su sentido de la oportunidad le obligaba a abandonar todo lo que pudiera ser un lastre para sus intereses.

Por otra parte, Guevara era al interior de la nomenclatura, el blanco preferido de los comunistas ortodoxos cubanos. Los ataques más encarnizados provenían de Carlos Rafael Rodríguez y Blas Roca, máximos dirigentes del comunismo en la isla, quienes le acusaban de no estar al día en la moderna economía marxista, y de estar más próximos a las teorías utópicas de Moro, que a las de Marx.

En julio de 1965, el gobernante cubano Fidel Castro censuró sin ambages el principio guevarista de los incentivos morales en la creación del socialismo y el 3 de octubre de ese mismo año disintió públicamente de la línea política internacional que había asumido Guevara, en lo que se refería a su conducta antisoviética.

El semanario uruguayo "Marcha" publicó un artículo del Che, "El Socialismo y el Hombre en Cuba", en el que en cierta medida censuraba la forma en que Castro había conducido el ataque al Cuartel Moncada; todas estas situaciones permiten apreciar cómo se acentuaban las diferencias entre los dos líderes revolucionarios.

Según el general boliviano Gary Prado, el fracasado guerrillero dijo antes de ser ejecutado que Fidel Castro le había fallado en el momento crucial de su misión. Hay pruebas que al principio de las operaciones el régimen de la isla respaldó a la guerrilla pero que a partir del 21 de marzo de 1967, el apoyo a Guevara y a los 16 cubanos que le acompañaron en la misión, fue disminuyendo.

Es importante destacar que no sólo cesó el respaldo material, la propaganda a favor de la insurgencia boliviana también fue cancelada A partir de junio la comunicación radial con La Habana se espació, colapsando por completo en septiembre, un mes antes del final del grupo sedicioso.

Las criticas póstumas a Guevara de parte de Fidel Castro son las que cerrarán este trabajo, el dictador cubano dijo el 15 de octubre, seis días después de la muerte del guerrillero: "La excesiva temeridad y el no tomar las precauciones debidas le llevaron a la muerte y una fuerza guerrillera no libra una batalla de más de cuatro horas".

Guevara un fraude en evolución

El fraude generado en torno a la figura de Ernesto Guevara continúa vigente a pesar de los 45 años transcurridos de su muerte, porque junto a los intereses de los grupos políticos e intelectuales que defienden un legado que no existe, han cohabitado a través de los tiempos un número importante de individuos que requieren de un símbolo para justificar sus ataques y otros requieren de un escudo para encubrir debilidades, contradicciones y remordimientos.

El mito de Guevara ha evolucionado. En el presente, un ignorante incapaz de ofender al prójimo le compra a su hija una maleta escolar con el rostro del verdugo de La Cabaña, otro usa camiseta o carga pancartas con su efigie para reclamar respeto al medio ambiente, porque ignora que fue el "Che", como le dicen sus partidarios, quien dirigió el desmonte de los bosques cubanos a fuerza del uso indiscriminado de explosivos, y un tercero puede apoyar un proyecto político contrario a las ideas que Guevara promovió hasta el día de su muerte, porque desconoce que su ídolo vivió el dilema de si admirar a Mao Tse Tung o a José Stalin.

El Guevara de los 60, el real, tiene muy poca relación con el revolucionario vegetariano, tolerante y flexible que algunos pretenden presentar. El "Che" era un hombre que favorecía la violencia extrema y la promovía. Creía en la lucha armada, en el terrorismo, defendía el tableteo de ametralladoras y aseguraba que el odio era una eficiente arma para matar.

El Guevara que murió en Bolivia, que fue capturado vivo y que clamó por el respeto de su vida, defendía la censura, estaba a favor de la ejecución de sus enemigos, y fue capaz de responderle a Gamal Abdel Nasser, el líder egipcio, cuando este comentó que su revolución había generado pocos exiliados: "Eso significa que en su revolución no ha ocurrido gran cosa. Yo mido la profundidad de una transformación social por el número de gente afectada por ella y que piensa que no tienen cabida en la nueva sociedad".

El Guevara real, el que propuso llevar la guerra a todos los rincones y escribió sobre la necesidad de conflictos como el de Viet Nam, expresó en más de una ocasión: "El camino pacífico está eliminado y la violencia es inevitable. Para lograr regímenes socialistas habrán de correr ríos de sangre y debe continuarse la ruta de la liberación, aunque sea a costa de millones de víctimas atómicas".

Ese Guevara, de quien tal vez un fervoroso creyente colgó un afiche en su habitación, le escribió a su madre desde México: "No soy Cristo ni un filántropo, soy todo lo contrario de un Cristo. Lucho por las cosas en las que creo con todas las armas de que dispongo y trato de dejar muerto al otro para que no me claven en ninguna cruz o en ninguna otra cosa".

Como si esta misiva no fuera suficiente para mostrar su verdadera naturaleza, escribió a su primera esposa, Hilda Gadea, desde la Sierra Maestra: "Querida vieja: Aquí en la selva cubana, vivo y sediento de sangre, escribo estas ardientes líneas inspiradas en Martí. Como un soldado de verdad, al menos estoy sucio y harapiento, escribo esta carta sobre un plato de hojalata, con un arma a mi lado y algo nuevo, un cigarro en la boca".

Aquellos que impulsan una plena tolerancia y respeto a las tendencias sexuales no deberían usar a Guevara como un ícono de esas demandas. El "Che" era un odiador de oficio. Fue pionero en perseguir a homosexuales y lesbianas, desterrando a muchos en el otoño de 1960 a la península de Guanahacabibes. Posteriormente envió al mismo lugar, sin que mediara tampoco un proceso judicial, a prostitutas y proxenetas.

Este individuo expresó en una ocasión: "solamente enviamos a Guanahacabibes aquellos casos dudosos de los que no estamos seguros que deban ser encarcelados… a la gente que no debería ir a la cárcel, gente que ha cometido crímenes contra la moral revolucionaria, en mayor o menor grado".

Ernesto Guevara no respetaba a los que no pensaban como él. Creó su propia escala de valores en la que los derechos de los otros no tenían cabida. Trató de imponer sus convicciones a sangre y fuego, por eso es incomprensible que instituciones, partidos políticos, intelectuales y personalidades que sí conocen a Guevara, no se esfuercen porque sus partidarios y afines rompan con el mito, o es que también les gusta la fantasía de la boina que se llenó de sangre.

El verdugo tras el mito

Ernesto Guevara posiblemente sea la última figura pública defensora a ultranza de la violencia extrema que se ha convertido en mito, lo que lleva a ser escéptico con muchos contares de la historia, porque "El Che", como le califican sus partidarios, se destacó por sus intentos bélico en los que, por suerte, solo cosechó fracasos.

La rentabilidad política o monetaria de la imagen de Guevara es el resultado de un entramado político de intereses, en ocasiones contrapuestos, que solo coinciden en compartir una propuesta antidemocrática, y también de sectores que solo tienen el objetivo de promover el consumo, aunque sea de la soga con la que van a ser colgados, parafraseando a otro victimario de la historia, Vladimir Ilich Lenin.

El mito de Guevara tal vez se habría extinguido sino fuera por la conjunción de intereses y porque la casa matriz de esa marca, el régimen de los hermanos Castro, necesita seguir explotando una imagen sobredimensionada que la memoria colectiva erróneamente asocia con la gesta de un individuo que se sacrificó por la justicia social al enfrentar a los poderosos.

Ernesto Guevara no pasó de ser un aventurero con suerte. Su primera incursión de rebeldía armada resultó triunfadora en un contexto en el que mito y las medias verdades, bajo la hábil conducción de un manipulador sin escrúpulos, fue convertida en epopeya.

Gracias a una falsa historia, aquellos que requieren de ídolos para sostener una ideología, propuesta o fantasía, cuentan con un ícono multipropósito, porque la imagen del "Che", sirve por igual para la pancarta que exhorta a la violencia extrema, para la maleta de un escolar inocente y de padres ignorantes, como para la camiseta de un joven inconformes que confunde la imagen con un par suyo de los 60, los mismo disconformes que Guevara persiguió con saña porque pensaban y actuaban de manera contraria al hombre nuevo que él procuró incubar en Cuba.

Guevara nunca fue una víctima, siempre fue un victimario, más allá de todas las especulaciones que se puedan hacer en relación al final de su existencia.

El individuo que algunos escogen como ejemplo de la defensa de las convicciones hasta las últimas consecuencias, fue quien escribió a su madre "No soy Cristo ni un filántropo, soy todo lo contrario de un Cristo. Lucho por las cosas en las que creo con todas las armas de que dispongo y trato de dejar muerto al otro para que no me claven en ninguna cruz o en ninguna otra cosa".

Fue el mismo que le dirigió una misiva a su esposa Hilda Gadea, desde la Sierra Maestra el 28 de enero de 1957: "Querida vieja: Aquí en la selva cubana, vivo y sediento de sangre, escribo estas ardientes líneas inspiradas en Martí. Como un soldado de verdad, al menos estoy sucio y harapiento, escribo esta carta sobre un plato de hojalata, con un arma a mi lado y algo nuevo, un cigarro en la boca".

Negar que Guevara era un sujeto audaz, disciplinado, inteligente y culto es absurdo, pero también lo es refutar su adicción a la violencia, el sectarismo, intolerancia y crueldad que lo caracterizó junto su convicción de que era poseedor de las formulas que resolverían los problemas sociales y quienes se opusieran a sus propuestas debían morir.

Guevara era un sádico en la absoluta dimensión que implica esa palabra, condición que mostró con particularidad al triunfo de la revolución cuando dijo a la madre de un policía ejecutado que su hijo merecía ser fusilado por el simple hecho de usar ese uniforme, en referencia a la ropa que usaba la policía del régimen derrocado.

Este individuo fue quien en julio de 1960, durante un congreso de juventudes latinoamericanas que se celebró en Cuba, manifestó: "La moderación es otra de las palabras que les gusta usar a los agentes de la colonia, son moderados, todos los que tienen miedo o todos los que piensan traicionar de alguna forma. El pueblo no es de ninguna manera moderado"

Durante toda su vida Guevara demostró ser un ferviente defensor de la violencia en la que no cosechó triunfos cuando la ejecutó por su cuenta, porque su extremismo y rigidez de pensamiento le impedían aprender de los errores y rectificar en los empeños. Le faltaba el sentido de la oportunidad y quizás la falta de cautela que caracterizó a su mentor, Fidel Castro.

El victimario Guevara fue quien dijo en una Asamblea General de Naciones Unidas, "Nosotros tenemos que decir aquí lo que es una verdad conocida, que la hemos expresado siempre ante el mundo: fusilamientos, sí, hemos fusilado, fusilamos y seguiremos fusilando mientras sea necesario. Nuestra lucha es una lucha a muerte. Nosotros sabemos cuál sería el resultado de una batalla perdida y también tienen que saber los gusanos cuál es el resultado de la batalla perdida hoy en Cuba".

Apóstol de la violencia

Es difícil entender cómo en un período histórico en el que la violencia es repudiada, existan "pacifistas" que elaboren apologías de Ernesto Guevara, un individuo que independientemente de doctrinas e ideologías, fue uno de los teóricos más consecuentes que tuvo la violencia en una de las etapas más convulsas del siglo XX.

Su identificación con una de las personalidades más despiadadas de la historia moderna, la hace notar en una carta que dirigió desde Costa Rica a su tía Beatriz en diciembre de 1953: "En El Paso tuve la oportunidad de pasar por los dominios de la United Fruit convenciéndome una vez más de lo terrible que son esos pulpos capitalistas. He jurado ante una estampa del viejo y llorado camarada Stalin, no descansar hasta ver aniquilados estos pulpos capitalistas".

El individuo que algunos pretenden presentar como justiciero y de profundo espíritu cristiano, escribió a su madre desde una prisión mexicana lo siguiente: "No soy Cristo ni un filántropo, soy todo lo contrario de un Cristo. Lucho por las cosas en las que creo con todas las armas de que dispongo y trato de dejar muerto al otro para que no me claven en ninguna cruz o en ninguna otra cosa".

Miguel Sánchez, "El Coreano", uno de los que entrenó a los expedicionarios del Granma en México, conoció a Ernesto Guevara. Refiere que era una persona aislada, poco sociable y muy cruel con los animales. Cuenta que atrapaba gatas embarazadas para hacer experimentos médicos y que cuando terminaba con los felinos los introducía en un saco que lanzaba violentamente contra el piso.

No sólo los gatos tenían problemas con Guevara. En la Sierra

Maestra le dijo a uno de sus subalternos: "Félix, ese perro no da un aullido más, tú te encargarás de hacerlo. Ahórcalo. No puede volver a ladrar".

Otro aspecto de su carácter violento y en cierto sentido sádico, se aprecia en una carta que dirigió a Hilda Gadea el 28 de enero de 1957: "Querida vieja: Aquí en la selva cubana, vivo y sediento de sangre, escribo estas ardientes líneas inspiradas en Martí. Como un soldado de verdad, al menos estoy sucio y harapiento, escribo esta carta sobre un plato de hojalata, con un arma a mi lado y algo nuevo, un cigarro en la boca".

Esta sed no demoró en saciarla. Según expone Jon Anderson en su libro Che, varias fuentes cubanas describieron cómo asesinó a Eutimio Guerra, un supuesto delator. Refiere Anderson: "El Che se adelantó para matar a Eutimio cuando resultó evidente que nadie tomaría la iniciativa. Esto al parecer incluye a Fidel, que tras la orden de matar a Eutimio sin indicar quién debía cumplirla, se alejó para guarecerse de la lluvia".

Su conducta con los militares del antiguo régimen fue todavía más cruel, ya que procedió a ejecuciones sin procesos judiciales y sin garantías procesales. Afirma Jaime Costa que el responsable de los fusilamientos en la ciudad de Santa Clara los primeros días de enero de 1959 fue Guevara y no Ramiro Valdés a quien le han sido atribuidos históricamente.

La Cabaña, su primer mando después del triunfo insurreccional, fue el bastión militar donde más ex militares y colaboradores del régimen derrocado fueron ejecutados. Según la periodista Hart Phillips, del New York Times, unos "400 en los dos primeros meses"; y testimonios del periodista Tetlon del London Daily Telegraph "en ocasiones funcionaban cuatro tribunales simultáneamente, sin abogados ni testigos de descargos, llegando a juzgarse, contemplando la pena capital, hasta 80 personas en juicios colectivos".

Guevara era vengativo, no olvidaba las ofensas, pero sólo las cobraba cuando estaba seguro de ganarlas sin consecuencias. Varios oficiales del ejército rebelde certifican sus diferencias con el también comandantes Jesús Carrera. Después del triunfo de la insurrección, Carreras fue acosado por más de dos años hasta que fue involucrado en la conspiración del también comandante William Morgan, y fusilados los dos.

El individuo que algunos, por diferentes motivos, pretenden mostrar como un hombre de paz, fue uno de los artífices de colocar al mundo al borde la guerra nuclear cuando junto a Raúl Castro y en nombre de Fidel, negoció con Nikita Jruschov la instalación de cohetes balísticos con capacidad nuclear en Cuba, voluntad de destrucción que ratificó cuando le dijo en La Habana a Sam Russel, corresponsal en Cuba del periódico socialista inglés London Daily Worker: "Si los misiles hubiesen permanecido en Cuba, nosotros los habríamos usado contra el propio corazón de los Estados Unidos, incluyendo la ciudad de Nueva York".

Bibliografía.

Jon Lee Anderson, *"Che Guevara: A Revolutionary Life"*. (New York: Grove Press, 1997)

Regis Debray. *Una educación política. Alabado sean nuestros señores*. Barcelona 1999.

Coronel Ramón Barquín. *"Las Luchas Guerrilleras en Cuba"*.

Coronel Ramón Barquín. *Mis diálogos con Fidel, Raúl, Camilo y el Che*. Puerto Rico 2009

Coronel, Florentino E. Rosell. *La Verdad*. Miami Florida. Octubre 1960

Carlos Franqui. *Cuba, La Revolución: ¿ Mito o Realidad?* Ediciones Peninsula.2006

Jacobo Machover. *La Face Cachée du Che*. Paris.2017

Ernesto Guevara. *Pasajes de la Guerra Revolucionaria*. Congo. Mondadori 1997

Ernesto Guevara: *"Diarios de motocicleta: Notas de viaje por América latina"* (Ocean Press, 2004)

Ernesto Guevara: *"Otra Vez: Diario inédito del segundo viaje por Latinoamérica"*. (Ocean Sur, USA, 2007)

Che Guevara: Táctica y Estrategia de la Revolución Cubana. Revista Verde Olivo, Prensa Latina 8-10-68.

Dariel Alarcón Ramírez. *Memoria de un soldado cubano*. Fabula Tusquet. 2003

Carlos Franqui, *"Diario de la revolución cubana"*. (Ediciones R. Torres, Barcelona, 1976)

Alvaro Vargas Llosa, "La Máquina de Matar: Che Guevara, de Agitador Comunista a Marca Capitalista", The New Republic, 11/7/2005

Roberto Fontova. *El verdadero Che Guevara*. Brasil. 2009.

Nicolás Márquez. *El Canalla. La verdadera historia del Che. Hasta la derrota siempre*. Buenos Aires 2009.

Comandante Lucas Moran Arce. *La Revolución Cubana. Una versión rebelde*. Puerto Rico 1980.

Enrique Ros. *Ernesto Che Guevara. Mito y Realidad*. Ediciones Universal, Miami 2002.

Efrén Córdova. *Apuntes para una memoria de la dictadura castrista*. Miami 2006

Pedro Corzo. *Guevara, Misionero de la Violencia*. Ediciones Memoria.

Relación de libros y documentales históricos del Instituto de la Memoria Histórica Cubana contra el Totalitarismo.

Luces entre sombras.
Ediciones Memoria. 2001.
Autor: Ángel Cuadra.

El ensayo está sustentado en una conferencia que ofreció el autor en la ciudad de West Miami, en el año 1996. En su charla enfoca la importancia de la creación literaria en la prisión, en particular la poesía. Enfatiza la voluntad de crear en la libertad del espíritu aunque el cuerpo estuviese encarcelado.

Las Motivaciones de Pedro Luís Boitel.
Ediciones Memoria. 2001.
Autor: Ángel Cuadra.

Un apretado ensayo en que el autor, laureado poeta y ex-prisionero político, sintetiza en la persona del mártir Pedro Luis Boitel el martirologio de la juventud cubana en la lucha contra la dictadura castrista. No se trata de una biografía sino el enfoque de un momento particular de la historia de Cuba y el rol que cumplió la juventud de esa época.

Calendario Histórico Cubano.
Ediciones Memoria. 2003.
Comisión presidida por Ramiro Gómez Barrueco.

Un novedoso calendario que recoge efemérides de la lucha contra el régimen totalitario. En cada día del año está señalada una gesta del pueblo contra la opresión. Cada mes está identificado con una o varias fotografías que evocan acontecimientos magnos o una serie de sucesos de particular trascendencia.

Mini Calendario Histórico Cubano. (Bolsillo)
Ediciones Memoria. 2003.
Enrique Ruano

Un calendario de bolsillo en el que se identifican 12 efemérides importantes en la lucha contra el totalitarismo. El propósito de esta edición de bolsillo era facilitar su ingreso a Cuba.

Cuba. Martirologio.
Ediciones Memoria. 2004
Daniel Urdanivia.

Un mapa de Cuba y sus islas adyacentes rodeadas por fotos de mártires que ofrendaron su vida por la libertad y la democracia. Los mártires seleccionados fueron en base a que hubiese una representación de todas las formas de lucha y de todo el país.

Calendario Negro del Totalitarismo Cubano. 2006.
Ediciones Memoria 2005.
Presidente de la Comisión de Redacción: Ramiro Gómez Barrueco.
Integrantes: Carmen de Toro de Gómez, Fermín M. Amador Chamizo, Enrique Ruano y Francisco Lorenzo.

El calendario recoge efemérides de muchos de los crímenes cometidos por el régimen cubano. En cada día del año está señalado un crimen contra el pueblo. Cada mes está identificado con una o varias fotografías que evocan acontecimientos magnos o una serie de sucesos de particular trascendencia.

Libros.

30 Aniversario del Presidio Político de Isla de Pinos.
Comisión 30 Aniversario. 2000.

Una compilación de testimonios de presos políticos que fueron encerrados en el Reclusorio Nacional para Varones de Isla de Pinos. La conmemoración para la clausura del reclusorio fue la base sobre la que se estructuró el Instituto de la Memoria Histórica Cubana contra el Totalitarismo.

Cuba, Cronología de la Lucha contra el Totalitarismo.
Ediciones Memoria. 2003.
Autor: Pedro Corzo.

En este libro encontrará el lector, en una secuencia cronología, las acciones y actividades que contra el régimen totalitario castro comunista llevaron a cabo los cubanos, desde el inicio del año 1959 hasta mediados del 2003; tanto en la lucha frontal ya dentro de Cuba, como desde el exterior, como en la etapa posterior de la lucha cívica no violenta. Hombres y mujeres que se dieron en sacrificio, y también en martirologio, en aras de su patria. Sus nombres reclaman un espacio en la historia verdadera que se hará en la Cuba del futuro. Para ese momento, y desde ahora, este libro los salva y para la historia los consagra.

Cuba: Clamor del Silencio.
Ediciones Memorias. 2005.
Autor: Amado Rodríguez.

Este libro es el recuento del presidio político cubano bajo el totalitarismo castro comunista. En él aparecen testimonios y hechos desde los primeros presos políticos en 1959, hasta los relatos y las experiencias vividas, y que en ese mismo año 2005, están teniendo los actuales presos políticos.

Están también los relatos de familiares de presos políticos que visitaban a estos en las cárceles; y los testimonios de mujeres que pasaron por las prisiones políticas en Cuba y dejan aquí constancia de sus dramáticas memorias. Testimonios imprescindibles para la historia de este libro.

Cuba, Cronología de la Lucha contra el Totalitarismo.
Ediciones Memoria. 2007. Segunda Edición.
Autor: Pedro Corzo.

Segunda edición ampliada y corregida del proceso de lucha contra el régimen totalitario desde el 1959 hasta mayo del año 2006. En esta edición se agrega, en letras cursivas, decisiones del gobierno, leyes y regulaciones y también algunos acontecimientos internacionales que ejercieron influencia en el proceso de lucha contra el régimen.

Cuba y Castrismo. Huelgas de hambre en el Presidio Político.
Ediciones Memoria.2007
Autor: José Antonio Albertini.

Este libro es un documento que recoge, por medio de entrevistas realizadas por el autor, testimonios de quince ex-prisioneros políticos que rememoran sus experiencias en las huelgas de hambre en las que participaron, en las cuales muchos de ellos estuvieron muy cerca de perder la vida, al extremo que uno de los entrevistados, que estuvo 23 años encarcelados, le confesó al autor: "Me alimenté con el espíritu".

Cuba. Perfiles del Poder.
Ediciones Memoria. 2007
Autor: Pedro Corzo.

El libro aborda la personalidad y la vida política de cinco personajes determinantes en el triunfo y consolidación del régimen totalitario cubano. Es una investigación a fondo de la conducta política de Ramiro Valdés, Ernesto Guevara, Camilo

Cienfuegos, Raúl Castro y Fidel Castro. El trabajo investigativo se sostiene en una amplia bibliografía y entrevistas.

Mártires del Escambray.
Ediciones Memoria.2007
Autor: Pedro Corzo

Ensayo Histórico sobre el presidente de la Federación Estudiantil Universitaria de Las Villas, Porfirio Ramírez y sus compañeros, fusilados el 12 de octubre de 1960.

Guevara. Misionero de la Violencia.
Ediciones Memoria. 2008
Autores: Pedro Corzo, Luis Guardia y Francisco Lorenzo.

Testimonios de la vida de Ernesto Guevara, ofrecido por personas que compartieron con él momentos de su vida. Guatemala, México, El Congo y Cuba. También está el testimonio de su captura y muerte.

Escambray. La Historia que el Totalitarismo trató de sepultar.
Ediciones Memoria 2008.
Autora: Idolidia Darias.

La descripción y relatos del heroísmo y sacrificio de los campesinos del Escambray que enfrentaron el régimen totalitario y las represalias del gobierno contra los que se les enfrentaban lo que padecieron los campesinos del Escambray

La Porfía de la Razón.
Ediciones Memoria 2010
Autor. Pedro Corzo

Un profundo ensayo sobre todo el proceso de lucha del pueblo cubano contra la dictadura castrista. En el trabajo se recogen los episodios iniciales de la lucha cívica, después la lucha armada, el rol jugado por el exilio durante todo el proceso, el surgimiento en Cuba de la disidencia y una nueva oposición con otras estrategias de lucha.

Cuba: Desplazados y Pueblos Cautivos.
Ediciones Universal 2011
Autores: Pedro Corzo, Idolidia Darias, Amado Rodríguez.

El desplazamiento forzoso de miles de campesinos y sus familiares a lugares distantes de sus lugares de orígenes. La represión de que fueron objeto, sus limitaciones de movimiento dentro del país y la confiscación de los bienes de aquellos que tenían alguna propiedad.

El Espionaje Cubano en Estados Unidos.
Ediciones Memoria 2011
Autor Pedro Corzo

Una investigación sobre las labores de espionaje del régimen cubano en Estados Unidos. El recuento se inicia en 1959 hasta el año de la publicación. Hay entrevistas a personas que espiaron para el gobierno cubano, incluyendo un miembro de la red Avispa.

Cuba. La subversión totalitaria en América Latina.
Ediciones Memoria. 2012.
Autor: Pedro Corzo

Un recuento de todas las actividades subversivas desarrolladas en América Latina por el régimen de los hermanos Castro. Describe organizaciones del estado cubano usadas para la subversión. También los organismos internacionales creados con ese fin.

Cubanos combatiendo el castro-comunismo en África.
Ediciones Memoria. 2014
Autor: Pedro Corzo.

Este libro compila entrevistas realizadas a diferentes personas de origen cubano que combatieron en África contra el comunismo en los años sesenta y también los servicios humanitarios que prestó el Miami Medical Team.

Bosquejos sobre la Oposición Política al Totalitarismo y al Socialismo del Siglo XXI. Cuba-Venezuela.
Ediciones Memoria 2015
Autor: Pedro Corzo

Un análisis objetivo fundamentado en documentación histórica y testimonios de cubanos y venezolanos de cómo accedieron al poder Fidel Castro y Hugo Chávez y como lograron conservarlo por años. La gestación de las oposiciones a ambos gobiernos y los errores y aciertos desde la perspectiva del autor de esas fuerzas de oposición.

50 Aniversario. El Presidio Político de Isla de Pinos.
Ediciones Memoria 2017
Autor: Ramiro Gómez Barrueco

Vivencias de numerosos prisioneros políticos cubanos que estuvieron recluidos varios años en el Reclusorio Nacional para Varones de Isla de Pinos. El libro se confeccionó con el objetivo de conmemorar el 50 Aniversario del cierre de esa prisión.

Confrontación.
Ediciones Memoria 2017
Autor: Pedro Corzo

Recoge más de trescientos testimonios de hombres y mujeres que confrontaron la dictadura castrista entre 1959 y finales del año 1960. Permite apreciar la composición social y política de los pioneros de la lucha contra el régimen totalitario.

www.ingramcontent.com/pod-product-compliance
Lightning Source LLC
Chambersburg PA
CBHW051743250726
48659CB00001B/220